Aufmerksamkeitsstörungen bei Kindern und Erwachsenen besser bewältigen

Effektive Techniken für Kinder und Erwachsene hyperaktiv : verbessern Aufmerksamkeit erregen und ADHS mühelos überwinden .

Christelle Chartier

Zusammenfassung

Vorwort 4

Einführung 7

Aufmerksamkeitsstörungen verstehen....................................17

Aufmerksamkeitsstörungen erkennen 26

Die Herausforderungen von Aufmerksamkeitsstörungen 37

Bereiten Sie das Gelände vor 47

Beobachtung und Analyse 56

Managementstrategien für Kinder mit
Aufmerksamkeitsstörungen..64

Managementstrategien für Erwachsene mit
Aufmerksamkeitsstörungen..77

Therapeutische und medizinische Ansätze...............................90

Schaffen Sie ein günstiges Umfeld 98

Ressourcen und Support...112

30-Tage -Programm...119

QUIZ 125

Abschluss 128

Was hast du darüber gedacht? 130

Danke..131

3

Vorwort

Hallo an Sie, neugieriger Leser und vielleicht ein wenig verloren im Wirbelsturm der Aufmerksamkeitsstörungen (ADHS). Wenn Sie dieses Buch aufgeschlagen haben, dann wahrscheinlich, weil Sie nach Antworten, Ratschlägen oder einfach nur ein wenig Trost angesichts der täglichen Herausforderungen suchen, die diese Störung mit sich bringt. Lassen Sie mich Ihnen etwas sagen: Sie sind am richtigen Ort.

Warum dieses Buch?

Stellen Sie sich vor, Sie befinden sich in einem Raum voller Menschen, alle sehr aufmerksam und konzentriert. Dann sind Sie da, Ihre Gedanken schweifen ab, Ihre Gedanken fliegen in alle Richtungen. Manchmal ist es eine Supermacht, manchmal ist es ein echter Schmerz. ADHS ist in etwa so: eine Mischung aus unglaublichem Potenzial und einzigartigen Herausforderungen. Wir haben dieses Buch geschrieben, um Ihnen zu zeigen, dass Sie nicht allein sind und dass Sie mit den richtigen Strategien diese Herausforderungen in Stärken verwandeln können.

Was werden wir gemeinsam entdecken?

Wir werden einen faszinierenden Weg beschreiten. Auf den ersten Seiten erfahren Sie, wie Sie die Anzeichen von ADHS erkennen. Du könntest dir sagen: „Hey, das sieht aus wie ich!" oder „ Genau das erlebt mein Kind/Freund/Partner." Als nächstes gehen wir auf die Ursachen ein: Was passiert im Gehirn? Welche Rolle spielt die Umwelt? Aber keine Sorge, hier gibt es keinen komplizierten Fachjargon, sondern nur klare und leicht verständliche Erklärungen.

Echte Geschichten und praktische Ratschläge

Dieses Buch ist auch voller Geschichten von Menschen, die gelernt haben, mit ADHS zu leben und manchmal sogar davon profitieren. Ihre Erfahrungen sind der Beweis dafür, dass es trotz Hindernissen möglich ist, erfolgreich zu sein und sich zu entfalten. Und natürlich finden Sie praktische Ratschläge, Tipps zur Organisation Ihres Tages, Techniken zur besseren Konzentration und Strategien zur Bewältigung stressiger Momente.

Ein lockerer, aber ernster Ton

Wir wollten, dass dieses Buch wie ein Gespräch mit einem Freund ist – zugänglich und herzlich, aber auch reich an zuverlässigen und professionellen Informationen. Wir wissen, dass es schwierig sein kann, mit ADHS zu leben, aber wir möchten Ihnen auch zeigen, dass es Hoffnung und konkrete Möglichkeiten gibt, Ihr tägliches Leben zu verbessern.

Zusammen vorwärts!

Bist du bereit für dieses Abenteuer? Ganz gleich, ob Sie direkt von ADHS betroffen sind oder einem geliebten Menschen helfen möchten, dieses Buch ist genau das Richtige für Sie. Lassen Sie uns gemeinsam herausfinden, wie Sie die Herausforderungen von Aufmerksamkeitsstörungen in eine positive Kraft in Ihrem Leben verwandeln können.

Willkommen zu dieser Erkundung. Atmen Sie tief ein, entspannen Sie sich und tauchen Sie ein in diesen Leitfaden. Sie sind dabei, eine Welt zu entdecken, in der ADHS kein Hindernis mehr ist, sondern ein Aspekt dessen, was Sie einzigartig und unglaublich macht.

Gutes Lesen !

Einführung

Definition von Aufmerksamkeitsstörungen

Welche Auswirkungen hat eine Aufmerksamkeitsdefizitstörung (ADS)?

Es ist schwierig, die Aufmerksamkeit über einen längeren Zeitraum aufrechtzuerhalten und sich zu orientieren, ohne durch äußere Reize abgelenkt zu werden. Beispielsweise dreht sich ein Kind um, um die Ursache für die Geräusche zu erkennen, die es hinter sich hört und die seine Konzentration beeinträchtigen.

Ein Anzeichen für diesen Zustand ist eine erhöhte Neigung zu Ablenkungen (Unaufmerksamkeit oder „Zoning-out"), die Unfähigkeit, konzentriert zu bleiben, und eine Anfälligkeit für kognitive Belastungen (sehr oft müde). Menschen mit ADS zeichnen sich häufig durch erhebliche Verzögerungen bei der Erledigung von Aufgaben aus, sei es bei akademischen Aufgaben oder bei einfachen Alltagsaktivitäten. Menschen mit ADS zeigen häufig Symptome wie Vergesslichkeit, vermeintlich schlechtes Gedächtnis und Schwierigkeiten, die kognitive Ausdauer aufrechtzuerhalten.

Eine andere Art von Aufmerksamkeitsstörung ist eine erhöhte Verzögerung bei der Fokussierung auf nahegelegene Objekte. Dies bedeutet, dass sie möglicherweise Schwierigkeiten haben, ihr Sehvermögen schnell anzupassen , um auf Objekte in der Nähe zu fokussieren . Diese Verzögerung führt zu einer verringerten Seheffizienz und kann die Fähigkeit beeinträchtigen, Details von Objekten in der Nähe klar wahrzunehmen.

ADHS ist ein Syndrom, das drei Arten von Symptomen kombiniert: Unaufmerksamkeit, Hyperaktivität und Impulsivität. ADHS kann als einer von drei Subtypen diagnostiziert werden: überwiegend unaufmerksam, überwiegend hyperaktiv/impulsiv oder überwiegend kombiniert. Es basiert ausschließlich auf klinischen Kriterien. Die übliche Behandlung umfasst eine Pharmakotherapie mit Stimulanzien oder anderen Medikamenten, Verhaltenstherapie und pädagogische Interventionen.

Bei Jungen ist die Wahrscheinlichkeit, an einer Aufmerksamkeitsdefizit-/Hyperaktivitätsstörung zu leiden, etwa doppelt so hoch wie bei Mädchen, wobei die Verhältnisse je nach Subtyp unterschiedlich sind. Der überwiegend hyperaktive/impulsive Typ tritt häufiger bei Jungen auf, während der überwiegend unaufmerksame Typ bei beiden Geschlechtern ähnlich häufig vorkommt. Es ist wichtig zu beachten, dass ADHS tendenziell familiär gehäuft auftritt (4).

Beschreibung von Aufmerksamkeitsstörungen und ihren Symptomen.

Die Diagnose von ADHS bei Erwachsenen könnte eine komplexere Aufgabe sein. Da die Symptome denen von Stimmungsstörungen, Angststörungen und Substanzstörungen ähneln können, wird der Prozess dadurch noch komplizierter. Da Selbstberichte über Symptome im Kindesalter unzuverlässig sein können, verlassen sich Ärzte oft auf Schulunterlagen oder die Erinnerungen von Familienmitgliedern, um Manifestationen vor dem 12. Lebensjahr zu bestätigen.

Die Symptome sind nicht konstant, sie sind je nach Situation unterschiedlich stark ausgeprägt. Sie neigen dazu, Bereiche zu identifizieren, die intellektuelle oder Aufmerksamkeitsarbeit erfordern, sowie Zustände von Unordnung und Müdigkeit. Im Gegensatz dazu nehmen sie unter dualen Bedingungen ab, wenn sie neuen Situationen ausgesetzt werden.

Eine Aufmerksamkeitsdefizitstörung mit oder ohne Hyperaktivität ist eine neurologische Entwicklungsstörung. Seine drei Merkmale sind je nach Person in unterschiedlicher Intensität vorhanden: Ihre Verteilung bei diagnostizierten Kindern ist wie folgt: Aufmerksamkeitsdefizit (ca. 47 %),

Hyperaktivität/Impulsivität (ca. 36 %), kombinierte Symptome (fast 17 %).

Faktoren, die Aufmerksamkeitsstörungen verursachen und dazu beitragen:

Die genaue Ursache der Aufmerksamkeitsdefizit-Hyperaktivitätsstörung ist nicht bekannt, aber mehrere mögliche Faktoren könnten zu dieser Erkrankung beitragen. Dazu gehören genetische, biochemische, sensomotorische, physiologische und verhaltensbezogene Komponenten. Wenn wir Risikofaktoren für ADHS betrachten, berücksichtigen wir ein Geburtsgewicht unter 1500 g sowie ein Kopftrauma. Eisenmangel oder obstruktive Schlafapnoe können ebenfalls Vorläufer sein, ebenso wie Bleiexposition oder vorgeburtliche Alkohol-/Tabakexposition (und möglicherweise Kokainexposition), die aufgrund ihrer negativen Auswirkungen auf die Gehirnentwicklung während der Schwangerschaft selbst eine Rolle bei der Entwicklung von ADHS-Symptomen im späteren Leben spielen . Unerwünschte Kindheitserlebnisse wurden ebenfalls mit ADHS in Verbindung gebracht, obwohl sie weniger als 5 % der Fälle betreffen und bei Exposition bereits in jungen Jahren Anzeichen einer neurologischen Schädigung zeigen. Die Daten deuten auf Unterschiede innerhalb der dopaminergen/noradrenergen

Systeme hin, die eine verminderte Aktivität oder verminderte Stimulationswege vom oberen Hirnstamm zum Mittelhirn beinhalten.

Die genauen Ätiologien der Aufmerksamkeitsdefizitstörung (mit oder ohne Hyperaktivität) sind nicht geklärt, die Forschung hat sich jedoch auf neurobiologische Elemente konzentriert, bei denen die mit dieser Pathologie verbundenen erblichen Ursachen als wesentlich für die Erklärung ihrer Entstehung angesehen werden.

Aufmerksamkeitsstörungen werden nicht nur bei Kindern, sondern auch bei Jugendlichen und jungen Erwachsenen mit einer langen Bildschirmzeit in Verbindung gebracht. In einigen Fällen ist es möglich, dass der Mangel an Dopamin Menschen mit ADHS dazu veranlasst, mehr als andere nach hoch anregenden Videospielen als Unterhaltungsquelle zu suchen. Dies deutet darauf hin, dass ADHS möglicherweise keine Folge, sondern eine Ursache für sich ist.

Aufmerksamkeitsstörungen diagnostizieren und unterscheiden.

Es ist oft schwierig, die Aufmerksamkeitsdefizit-/Hyperaktivitätsstörung von anderen Erkrankungen zu unterscheiden, die zu einer Überdiagnose führen können. Es ist jedoch wichtig, ADHS nicht zu überdiagnostizieren, sondern andere Pathologien genau zu identifizieren. Anzeichen einer Aufmerksamkeitsdefizit-/Hyperaktivitätsstörung, die im Vorschulalter beobachtet wurden, könnten mit häufigen Kommunikationsproblemen im Zusammenhang mit anderen neurologischen Entwicklungsstörungen oder in einigen Fällen sogar mit Lernschwierigkeiten, Angstzuständen, Depressionen oder Verhalten zusammenhängen.

Die CENOP-Beurteilung hilft, die Aufmerksamkeitsdefizitstörung als neuropsychologische Diagnose zu überprüfen und auszuschließen. Wenn es erkannt wird, beschreibt der Neuropsychologe das Profil (das unaufmerksam, hyperaktiv-impulsiv oder gemischt sein kann) sowie den Schweregrad durch eine weitere Beurteilung namens ADHS, die sich auf intellektuelle und Aufmerksamkeitsfunktionen konzentriert. Dabei handelt es sich nicht nur um einen Oberbegriff, sondern es werden teilweise auch exekutive Funktionen einbezogen, um das Spezifische klarzustellen.

Die Aufmerksamkeitsdefizit-Hyperaktivitätsstörung (ADHS) wird mit einer höheren Wahrscheinlichkeit bestimmter Sehstörungen in Verbindung gebracht, die normalerweise mit

13

dem Vorhandensein von Astigmatismus oder Weitsichtigkeit, Schielen oder einer Verringerung des Akkommodationspunktes einhergehen. Es wurden jedoch keine signifikanten Unterschiede in der Dicke der retinalen Nervenfaserschicht oder dem Brechungsfehler beobachtet. Auch wenn ADHS mit bestimmten Sehproblemen verbunden sein kann, heißt das nicht, dass es keine Unterschiede in den strukturellen Aspekten des Auges gibt.

Möglichkeiten, mit Aufmerksamkeitsstörungen umzugehen.

Im Mittelpunkt der ADHS-Behandlung steht die Durchführung einer psychologischen Therapie für das Kind, aber auch für die Eltern, die sich durch das Verhalten ihres Kindes oft erschöpft und überfordert fühlen. In schweren Fällen kann ein pharmakologischer Eingriff erforderlich sein, allerdings nur, wenn das Kind älter als 6 Jahre ist und nur als Ergänzung zur Psychotherapie. Diese Medikamente werden nur in Situationen in Betracht gezogen, in denen das häusliche und akademische Umfeld ernsthaften Störungen ausgesetzt ist.

Strattera ist ein Medikament mit Langzeitwirkung (24 Stunden), das bei der Verbesserung der Aufmerksamkeit weniger stark ist als Stimulanzien, aber den Vorteil hat, Angstzustände wirksam zu bekämpfen. Im Gegensatz zu Stimulanzien ist seine Anwendung aufgrund des verzögerten Wirkungseintritts und der Notwendigkeit, die Wirkung über mehrere Wochen hinweg schrittweise zu reduzieren, komplexer.

Wenn Sie an einer Aufmerksamkeitsdefizit-/Hyperaktivitätsstörung (ADHS) leiden, sind Medikamente wahrscheinlich Teil Ihres Behandlungsplans, insbesondere wenn

15

Ihre Symptome Sie daran hindern, tägliche Pflichten wie Schule oder Arbeit sowie Ihre zwischenmenschlichen Verpflichtungen effektiv zu bewältigen. Ihr Arzt wird möglicherweise das Thema Medikamente ansprechen, nachdem Versuche wie Therapien und Änderungen des Lebensstils zwar wirkungslos waren, aber keine ausreichende Linderung gebracht haben. Das Wesentliche bei der Einführung von Medikamenten ist es, Ihnen dabei zu helfen, diese Symptome besser zu kontrollieren, mit dem Ziel, wieder Ordnung in Ihr Leben zu bringen, sodass Sie sich vor allem auf die Aspekte konzentrieren können, die für Sie am wichtigsten sind.

Kapitel 1

Aufmerksamkeitsstörungen verstehen

ADHS (Aufmerksamkeitsdefizit-Hyperaktivitätsstörung): Was ist das?

Die Aufmerksamkeitsdefizit-Hyperaktivitätsstörung (ADHS) ist eine im späten 18. Jahrhundert entdeckte neurologische Entwicklungsstörung. Sie weist drei Hauptsymptome auf: Unaufmerksamkeit, Hyperaktivität und Impulsivität. Unaufmerksamkeit führt zu Konzentrationsstörungen, häufiger Vergesslichkeit und leichter Ablenkung. Hyperaktivität äußert sich in ständiger Unruhe und der Unfähigkeit, still zu sitzen. Impulsivität äußert sich in ungestümen und unvorhergesehenen Handlungen. Um eine Diagnose stellen zu können, müssen diese Symptome mindestens sechs Monate lang in verschiedenen Umgebungen wie der Schule und zu Hause beobachtet werden. ADHS betrifft etwa 5 % der Kinder und kann bis ins Erwachsenenalter bestehen bleiben. Dabei handelt es sich nicht nur um einen Energieüberschuss oder einen Mangel an Willenskraft, sondern um eine anerkannte Störung mit bedeutenden Wurzeln in der Neurologie. Eine wirksame

Behandlung von ADHS ist für die Verbesserung der Lebensqualität der Betroffenen unerlässlich.

Symptome und Anzeichen einer Aufmerksamkeitsstörung:

Als Psychologin habe ich viele Menschen getroffen, die mit einer Aufmerksamkeitsdefizit-Hyperaktivitätsstörung (ADHS) zu kämpfen haben. Dieser Artikel soll Aufschluss darüber geben, was ADHS eigentlich bedeutet: verminderte Aufmerksamkeitsspanne und/oder Hyperaktivität und Impulsivität sowie deren Symptome und mögliche Ursachen. Auch Menschen, die direkt von dieser Erkrankung betroffen sind, erhalten praktische Ratschläge.

Mangelnde Aufmerksamkeit führt zu echter innerer und äußerer Unruhe, die zusammen mit Hyperaktivität die Verhaltenskontrolle erschwert. Wenn Sie unter einer Aufmerksamkeitsstörung leiden, werden Sie sich sicherlich in bestimmten Anzeichen wiederfinden.

Die charakteristischen Merkmale dieser Erkrankung sind eine Störung, die sich durch eine extreme Neigung zur Ablenkung (Unaufmerksamkeit oder „Stimmungsdrift"), Unfähigkeit zur Aufmerksamkeit und Ermüdung bei kognitiver Anstrengung äußert. Ein beobachtbares Merkmal bei Menschen mit ADS ist eine spürbare Langsamkeit bei der Erledigung von Aufgaben, sei es im akademischen Bereich oder bei alltäglichen Aktivitäten. Zu den häufig geäußerten Beschwerden gehören Vergesslichkeit, schlechte Gedächtnisleistung und die Unfähigkeit, kognitive Anstrengungen aufrechtzuerhalten.

Die Diagnose einer Aufmerksamkeitsdefizit-/Hyperaktivitätsstörung bei Erwachsenen kann schwierig sein. Die Symptome können denen ähneln, die bei Stimmungsstörungen, Angststörungen oder Substanzstörungen beobachtet werden. und Selbstberichte über Symptome in der Kindheit könnten leicht unzuverlässig sein. Aus diesem Grund müssen Ärzte möglicherweise vor dem 12. Lebensjahr Schulunterlagen überprüfen oder Familienmitglieder befragen, um zu prüfen, ob Symptome auftreten.

Was sind die Risikoursachen für eine Aufmerksamkeitsdefizitstörung?

Die Ursachen der Aufmerksamkeitsdefizit-Hyperaktivitätsstörung sind nicht eindeutig. Zu den Faktoren, die zu ADHS beitragen können, gehören genetische, biochemische, sensomotorische, physiologische und Verhaltenseinflüsse. Zu den Risikofaktoren für ADHS gehören ein niedriges Geburtsgewicht (<1.500 g), Anämie aufgrund eines Kopftraumas aufgrund von Eisenmangel, häufige Schlafapnoe, Bleiexposition durch Verschlucken oder Rauchvergiftung durch Drogenmissbrauch der Mutter während der Schwangerschaft. Aufmerksamkeitsdefizit-/Hyperaktivitätsstörungen sind auch mit negativen Kindheitserlebnissen verbunden. Neurologisch gesehen weisen etwa 5 % der Kinder Anzeichen einer Schädigung auf, wobei Unterschiede in zwei Systemen die Aktivität auf der höheren Ebene behindern: Das eine ist dopaminerg, während das andere noradrenerg ist und von der unteren Ebene bis zum Mittelhirn stimuliert.

Aufmerksamkeitsstörung hat einen starken genetischen Weg. Ihre Entwicklung wird stark durch genetische Einflüsse bestimmt, da sie schätzungsweise für 75 % ihres Vorkommens verantwortlich ist. Es werden nicht nur ein, sondern mehrere Gene übertragen, insbesondere solche, die Informationen im Gehirn transportieren.

Die spezifischen Faktoren, die zu einer Aufmerksamkeitsdefizitstörung (mit oder ohne Hyperaktivität) führen, sind noch nicht identifiziert, Studien haben sich jedoch auf neurobiologische Aspekte konzentriert. Es wird angenommen, dass genetische Ursprünge eine wichtige Rolle bei der Manifestation dieser Krankheit spielen.

Dies ist in der Tat die erste Beobachtung, die uns auffällt, wenn wir diesen Namen hören. Wenn wir über Aufmerksamkeitsdefizite nachdenken, kommt uns im Allgemeinen das Bild eines in seiner eigenen Welt verlorenen Kindes in den Sinn, das seine Aufgaben nur langsam erledigt und den Überblick verliert, weil es in seinen Gedanken versinkt. Ein zurückgezogeneres und introvertierteres Kind, das den Unterricht nicht stört, aber als raumgreifend und impulsiv wahrgenommen wird. Das hyperaktive Kind hebt sich von anderen durch seine Impulsivität ab: Es wird immer als störend beschrieben und es nimmt mit seinen rücksichtslosen Handlungen mehr Raum ein als nötig.

Die Beurteilung weiterer kognitiver Funktionen bei Kindern kann mithilfe verschiedener Tests erfolgen. Dies nennt man Differentialdiagnose, bei der Aufmerksamkeitsstörungen daraufhin überprüft werden, ob sie besser durch eine Sprach-

oder Lernstörung erklärt werden können. Neuropsychologische Tests ermöglichen diese Differenzialdiagnose, indem sie ein vollständiges kognitives Profil des Kindes liefern, anstatt sich nur auf Aufmerksamkeitsaspekte zu konzentrieren.

Bei Kindern, Jugendlichen und Erwachsenen gibt es mittlerweile viele pharmazeutische Interventionen, um die Aufmerksamkeit zu lenken und die Funktionalität des Gehirnfilters zu verbessern. Dieser Filter spielt eine zentrale Rolle bei der Bekämpfung von hyperaktivem und impulsivem Verhalten. Obwohl der Neuropsychologe nicht berechtigt ist, Medikamente zu verschreiben, liefert der von ihm verfasste Bericht dem Arzt wertvolle Informationen. Diese Informationen ermöglichen es dem Arzt, einen fundierten Behandlungsplan zu entwickeln, der an die Bedürfnisse des Patienten angepasst ist. Obwohl ADHS universell ist, kann es bei Kindern und Erwachsenen auf unterschiedliche Weise auftreten. Bei Kindern äußert es sich meist durch ausgeprägte Unaufmerksamkeit, Schwierigkeiten beim Befolgen von Anweisungen oder ständiges Tagträumen. Hyperaktivität führt dazu, dass man im Unterricht oder anderswo nicht still sitzen kann und ständig in Bewegung sein muss. Impulsivität äußert sich durch Unterbrechungen, ohne darauf zu warten, dass Sie an der Reihe sind, und durch übereilte Antworten.

ADHS, allgemein bekannt als Aufmerksamkeitsdefizit-Hyperaktivitätsstörung, weist deutliche Unterschiede auf, wenn man das Auftreten bei Kindern und Erwachsenen vergleicht. In den meisten Fällen sind Hyperaktivität und Impulsivität das, was man bei Kindern erwarten würde; Aber für Erwachsene ist es ein ganz anderer Kampf, bei dem es darum geht, die Zeit zu kontrollieren, organisiert und konzentriert zu bleiben. Diese Störung tritt nicht nur in der Kindheit auf: Es handelt sich um eine von der American Psychiatric Association anerkannte neurologische Entwicklungsstörung, die das geistige Wohlbefinden eines Menschen während seines gesamten Lebens beeinträchtigt. Das Verständnis dieser Unterschiede ist von entscheidender Bedeutung, da sie eine wichtige Rolle bei der Sicherstellung einer genauen Diagnose und der Anpassung einer wirksamen Behandlung spielen: sei es bei gleichzeitig auftretenden Störungen wie der oppositionellen Trotzstörung und Substanzgebrauchsstörungen oder in verschiedenen Lebensphasen.

Obwohl ADHS als eine Störung gilt, die in der Kindheit beginnt und sich in dieser Zeit manifestiert, bleibt sie manchmal bis ins Jugend- oder sogar Erwachsenenalter unbemerkt. Neurologische Unterschiede bleiben bis ins Erwachsenenalter bestehen; Ungefähr 50 % der Menschen leiden während ihres gesamten Erwachsenenlebens weiterhin unter diesen Symptomen.

Einige Strategien zur Bewältigung von Aufmerksamkeitsstörungen im täglichen Leben:

Organisieren Sie Ihre Tagespläne entsprechend Ihrem Arbeitsrhythmus. Erledigen Sie beispielsweise Aufgaben, die während der Spitzenproduktivitätszeiten ein höheres Maß an Aufmerksamkeit erfordern. Entspannen Sie sich abends oder erledigen Sie Aufgaben mit geringer Konzentration.

Kennen Sie nächtliche Schlaflosigkeit? Aufmerksamkeitsdefizit ist ein häufiger Befund. Wenn Ihr Körper und Ihr Geist ständig hyperaktiv sind, fällt es ihnen schwer, zur Ruhe zu kommen, was einen tiefen Schlaf erschwert und Sie dazu zwingt, nachts häufig aufzuwachen. Dieser Schlafmangel führt zu Tagesmüdigkeit; Ihre Nächte sind turbulent und Ihr Körper kann sich nicht vollständig erholen. Dadurch kann es vorkommen, dass Sie tagsüber einschlafen. Wenn diese chronische Müdigkeit mit der Zeit anhält und sich so weit verschlimmert, dass sie Ihre täglichen Aufgaben beeinträchtigt, sprechen wir von echter Narkolepsie, einer Erkrankung, die lebensbedrohlich sein kann.

Die Aufmerksamkeit am Tag ist ein wesentlicher Aspekt der kognitiven Leistungsfähigkeit, der durch Schlafstörungen beeinträchtigt werden kann. Mangelnde Aufmerksamkeit für Aufgaben, impulsives Verhalten und ein erhöhtes Maß an Hyperaktivitätssymptomen können bei den Bemühungen des Einzelnen beobachtet werden, nicht einzuschlafen, wenn er schläfrig ist. Schläfrigkeit trägt erheblich zu ADHS-bedingten Unfällen bei, da etwa 40 % der Patienten tagsüber unter übermäßiger Schläfrigkeit leiden. Dies kann auf eine Störung des Erregungssystems zurückzuführen sein, die bei Hypersomnolenz auftritt, wenn die Schlafdauer in der Nacht zunimmt , man sich aber tagsüber aufgrund von Verhaltensweisen wie Trägheit beim Aufwachen oder Anfällen immer noch schläfrig fühlt. Es gibt symptomatische und klinische Überschneidungen zwischen ADHS einerseits und Narkolepsie oder idiopathischer Hypersomnie andererseits; Dies beeinflusst die Behandlung, da die meisten Medikamente gegen ADHS auch bei Erkrankungen mit erhöhter Schläfrigkeit indiziert sind.

Aussehen	Beschreibung
Definition	Aufmerksamkeitsstörungen (ADHS) sind neurologische Entwicklungsstörungen.
Hauptsymptome	- Unaufmerksamkeit: Konzentrationsschwierigkeiten, häufige Vergesslichkeit
	- Hyperaktivität: ständige Unruhe, Unfähigkeit, still zu sitzen
	- Impulsivität: häufige Unterbrechungen, Unfähigkeit zu warten, bis man an der Reihe ist
Ursachen	- Genetik: Familiengeschichte
	- Neurobiologisch: Unterschiede in der Struktur und Funktion des Gehirns
	- Umwelt: pränatale Exposition gegenüber Alkohol oder Tabak, Frühgeburten
Diagnose	- Klinische Beurteilung: Interviews, Fragebögen
	- Beobachtung über einen längeren Zeitraum

Behandlungen	- Arzneimittel: Stimulanzien (z. B. Methylphenidat), Nichtstimulanzien - Verhaltenstherapie: Techniken zur Symptombehandlung - Schulanpassungen: individuelle Programme, zusätzliche Zeit
Auswirkungen auf das Leben	- Schule: schulische Schwierigkeiten, Verhaltensprobleme - Arbeit: Desorganisation, Schwierigkeiten beim Erledigen von Aufgaben - Soziale Beziehungen: Konflikte, soziale Isolation
Managementstrategien	- Planung: To-Do-Listen, Tagebücher - Strukturierte Umgebung: Routinen, organisierter Arbeitsbereich - Unterstützung: Selbsthilfegruppen, Familientherapie
Aktuelle Forschung	- Untersuchungen zu genetischen und neurobiologischen Ursachen - Entwicklung neuer Therapien und Interventionen - Auswirkungen moderner Technologien und Umgebungen

Kapitel 2

Aufmerksamkeitsstörungen erkennen

Entdecken Sie die Variationen von Aufmerksamkeitsstörungen.

Für Menschen mit Aufmerksamkeitsdefizitstörung ist es eine Herausforderung, ausreichend Aufmerksamkeit aufrechtzuerhalten, insbesondere die Konzentration auf Aufgaben. Dieses für ADHS charakteristische Symptom äußert sich in einer extremen Anfälligkeit für Ablenkung. Wenn Sie eine Aufgabe nicht abschließen können, bevor Sie mit der nächsten fortfahren, kann ein solches Verhalten in vielen Szenarien lebensbedrohlich sein. Es kann sein, dass Sie sehr hungrig sind und die Mahlzeit dann mitten in der Mahlzeit abbrechen, weil Ihre Umgebung eine flüchtige Ablenkung mit sich bringt. Sie können eine gekochte Mahlzeit auch unbeaufsichtigt lassen und gleichzeitig andere Aktivitäten priorisieren, wodurch die Mahlzeit vollständig aus Ihrem Bewusstsein gelöscht wird. Die Folgen können ebenso schwerwiegend sein wie die Brandgefahr, die sich aus einem solchen Versehen ergibt. Die Notwendigkeit, bei trivialen Aufgaben wachsam zu sein, ist anstrengend und dennoch könnte ein Scheitern katastrophale Folgen für Ihre Sicherheit oder die anderer haben.

Häufige Stimmungsschwankungen sind ein weiteres Merkmal der Aufmerksamkeitsdefizitstörung. Tatsächlich kann eine emotionale Dysfunktion die Stimmungsschwankungen erklären, die bei Menschen mit dieser Aufmerksamkeitsstörung beobachtet werden. es ist auch einer der Indikatoren für ADHS. Diese Funktionsstörung begünstigt Angststörungen, depressive Episoden und die Unfähigkeit, seine Emotionen zu kontrollieren. Manchmal stellen wir auch einen schlechten Umgang mit Emotionen fest, der dazu führt, dass Menschen Essstörungen entwickeln, um ihre unkontrollierbaren Gefühle auszugleichen (daher der umgangssprachliche Ausdruck „Essen Sie Ihre Gefühle"). Bei einem solchen emotionalen Aufruhr, der aufgrund der Unfähigkeit, mit Anerkennung umzugehen, alltäglich ist, sehen wir drastische Veränderungen: Sie können durch ein einziges Wort von jemandem von glücklich zu wütend werden.

Aufmerksamkeitsstörungen behindern nicht nur den akademischen oder beruflichen Erfolg; sondern stört auch das tägliche Leben und beeinträchtigt die Organisation, das Zeitmanagement und die sozialen Interaktionen. Das Hauptziel der ADHS-Behandlung ist die Verbesserung der Lebensqualität durch wirksame Symptomkontrolle.

Die Hauptsymptome einer Aufmerksamkeitsstörung sind Aufmerksamkeitsschwierigkeiten, Impulsivität und manchmal Hyperaktivität. Diese Erscheinungen sind in vielen Bereichen des Lebens eines Menschen zu beobachten, insbesondere im schulischen Umfeld, wo sie erhebliche Hindernisse darstellen können. Therapeutische Interventionen zielen darauf ab, Kindern dabei zu helfen, diese Symptome wirksam zu kontrollieren und dadurch ihre kognitive Konzentration und ihre Fähigkeiten zum sozialen Engagement zu verbessern.

Es ist wichtig, Kenntnisse über die Symptome der Aufmerksamkeitsdefizit-Hyperaktivitätsstörung zu erlangen. Es ist wichtig, diese Störung sowohl bei Kindern als auch bei Erwachsenen erkennen zu können, da diese Symptome unterschiedlich sein können und nicht von Person zu Person einheitlich sind. Dazu können Schwierigkeiten bei der Verhaltenskontrolle, ein ständiges Unruhegefühl und Schwierigkeiten bei der Konzentration gehören. Beachten Sie jedoch, dass diese Symptome von Person zu Person unterschiedlich sind und je nach Alter oder Art der ADHS der Person unterschiedlich sein können.

Ein Indikator für ein Aufmerksamkeitsdefizitsyndrom (ADS) mit oder ohne Hyperaktivität kann die übermäßige Unruhe einer Person sein. Menschen mit diesem Zeichen zeigen normalerweise Phasen extremer Unruhe, die mit Konzentrationsstörungen einhergehen, eine Manifestation, die sich auf alle Bereiche des täglichen Lebens auswirkt, unabhängig von Zeit und Ort. Schwierigkeiten, über längere Zeit still zu bleiben, Schwierigkeiten beim sozialen Engagement und Störungen im Schlafrhythmus können durch einfache Interaktionen ausgelöst werden, bei denen Unruhe als Langeweile oder Desinteresse fehlinterpretiert wird.

Frühzeitig einzugreifen bedeutet, unverzüglich mit der Behandlung zu beginnen. Dies kann eine medikamentöse Behandlung, Psychotherapie oder pädagogische Unterstützung sein. Dank dieser Interventionen kann das Kind lernen, seine Impulsivität und Aufmerksamkeitsschwierigkeiten zu kontrollieren, um seine Lebensqualität und seine sozialen Interaktionen zu verbessern.

Im Hinblick auf die Behandlungsmöglichkeiten ist es wichtig, sicherzustellen, dass die Diagnose frühzeitig gestellt wird. Die Umsetzung von Interventionen in Schulen muss gut koordiniert werden, um die soziale und pädagogische Inklusion des Kindes zu fördern. Die Fähigkeit, frühe Anzeichen zu erkennen und geeignete Interventionsstrategien vorzuschlagen, ist für Familien ebenso wichtig wie für Fachkräfte. Sich mit dem Wissen über Aufmerksamkeitsstörungen vertraut zu machen, gilt als erster Schritt zur Schaffung eines Umfelds, das den Entwicklungsbedürfnissen junger Menschen gerecht wird ; Eine Diät kann manchmal helfen, die Symptome zu lindern.

Schließlich ist die Rolle von Lehrern und Fachkräften sowie der Beitrag der Eltern bei der Identifizierung und Prävention von Hochrisikoschülern gleichermaßen wichtig. Die Zusammenarbeit aller Personen, die dem Kind nahe stehen, ist besonders wichtig, um geeignete Interventionen für sein Wachstum bereitzustellen.

ADHS ist eine Erkrankung, die von vielen Mythen umgeben ist. Selbst wenn wir uns bemühen, ihre Perspektive zu ändern, können wir nicht vollständig kontrollieren, wie neurotypische Menschen Menschen mit Aufmerksamkeitsdefizit-Hyperaktivitätsstörung wahrnehmen.

Was sind häufige Missverständnisse über **ADHS** bei neurotypischen Menschen?

Die Aufmerksamkeitsdefizitstörung hat sich schnell von einer Modeerscheinung zu einem vergessenen Cousin entwickelt, der auf dem Dachboden diagnostischer Begriffe verstaubt. Diese Entwicklung verdeutlicht das gleichzeitige Auftreten von Aufmerksamkeitsproblemen mit Hyperaktivität und Impulsivität.

Missverständnisse rund um ADHS können eher schädlich als hilfreich sein. Sie ignorieren die Schwierigkeiten von Menschen, die mit dieser Krankheit leben, und verstärken die Stigmatisierung und Vorurteile, denen sie regelmäßig ausgesetzt sind. Wenn Sie also auf ADHS-bezogene Informationen stoßen, versuchen Sie, deren Gültigkeit in Frage zu stellen. Denken Sie daran, dass jeder Mensch einzigartig ist und wir alle unsere eigenen Probleme haben, die andere übersehen.

Was sind die Anzeichen, um ADHS zu erkennen und an wen sollten wir uns für eine Beurteilung unseres Kindes wenden und was sollten wir diesbezüglich tun? Wie entscheiden Sie nach Bestätigung der Diagnose, ob Sie Medikamente einnehmen oder nicht: dafür oder dagegen und warum? Wird mein Kind nach der Diagnose stigmatisiert? Welche Nachsorge sollte nach der

Diagnosestellung organisiert werden und welche konkreten Instrumente sollten in diesem Zusammenhang eingesetzt werden?

Die Behandlung muss an das Kind, aber auch an sein Umfeld, die Art seiner Störung und etwaige Begleiterkrankungen angepasst werden. Ziel ist es, klinische Symptome zu reduzieren und schulische, familiäre oder soziale Probleme anzugehen oder ihnen vorzubeugen. Es geht um den Einsatz bewährter Unterrichtstechniken: Hyperaktive Kinder mit Aufmerksamkeitsproblemen brauchen klare Strukturen, die ihnen ein effektives Lernen ermöglichen: Sie sollten jeweils eine Aufgabe erhalten. Wenn die Aufgabe oder das Spiel komplex ist, stellen Sie sicher, dass sie in Schritte unterteilt ist.

Die Symptome behindern die Anpassung und betreffen schätzungsweise 3 bis 5 % der Kinder in westlichen Ländern. Die ADHS-Diagnoserate ist in Nordamerika und Australien höher als in Europa, und im nördlichen Teil ist sie höher als im südlichen Teil des alten Kontinents, obwohl es keinen klaren Hinweis darauf gibt, ob dieser Unterschied auf Bevölkerungs- oder (kulturelle) Diagnoseansätze zurückzuführen ist. Nehmen wir zum Beispiel „Normalität": Ein lebhafter Junge mag in manchen südeuropäischen Ländern als normaler gelten als in nördlichen.

Darüber hinaus zeigt Europa tendenziell eine größere Abneigung gegen die Medikalisierung als Amerika.

Anzeichen und Symptome bei Erwachsenen

„Erwachsene kommen vor allem mit Unaufmerksamkeitssymptomen vor. Sie haben weniger Symptome von Hyperaktivität und Impulsivität als Kinder, aber betroffene Personen neigen dazu, im gesamten Erwachsenenalter anhaltende Symptome von Hyperaktivität zu haben, die eher als Unruhe oder innere Unruhe empfunden werden.

Ein weiterer Grund für die Unterdiagnose von ADHS bei Erwachsenen ist die Überzeugung, dass Menschen ihre Symptome seit ihrer Kindheit hätten loswerden sollen. Erwachsene mit ADHS können sich anpassen und lernen, ihre Symptome zu verbergen, was es ihnen ermöglicht, nicht nur für andere weniger offensichtlich zu sein, sondern sie manchmal auch selbst zu erkennen.

Es ist allgemein anerkannt, dass die Symptome im Erwachsenenalter in 50 % der Fälle bestehen bleiben. Allerdings haben nur 5 % der Menschen, bei denen im Kindesalter ADHS diagnostiziert wurde, vollständige ADHS-Symptome (im Alter

33

von 38 Jahren), was auf die unterschiedlichen Ergebnisse verschiedener Forschungsanstrengungen hinweist.

Kriterien	Konkrete Beispiele
Unaufmerksamkeit	- Nicht auf Details achten, Flüchtigkeitsfehler machen - Schwierigkeiten haben, bei Aufgaben oder Spielen konzentriert zu bleiben - Scheint nicht zuzuhören, wenn man direkt mit ihm spricht - Anweisungen nicht befolgen und Hausaufgaben nicht erledigen - Schwierigkeiten beim Organisieren von Aufgaben und Aktivitäten haben - Vermeiden Sie Aufgaben, die eine anhaltende geistige Anstrengung erfordern, oder scheuen Sie sich davor, sie auszuführen - Verlust von Gegenständen, die für Aufgaben oder Aktivitäten benötigt werden

- Lassen Sie sich leicht durch äußere Reize ablenken

- Vergessen der täglichen Aktivitäten

Hyperaktivität

- Bewegen oder klatschen Sie mit den Händen oder Füßen, winden Sie sich auf Ihrem Sitz

- Stehen Sie oft auf, wenn Sie sitzen bleiben müssen

- In unangemessenen Situationen überall hin rennen oder klettern

- Schwierigkeiten haben, ruhig zu spielen oder sich zu entspannen

- Ständig in Bewegung sein

- Übermäßiges Reden

Impulsivität

- Geben Sie Antworten, bevor die Fragen vollständig gestellt sind

- Es fällt Ihnen schwer, darauf zu warten, dass Sie an der Reihe sind

- Unterbrechen oder stören Sie die Gespräche oder Spiele anderer

Dauer

- Die Symptome sind nicht nur vorübergehend oder gelegentlich

Mehrere Kontexte	- Symptome werden beispielsweise zu Hause und in der Schule beobachtet
Auswirkungen auf das tägliche Leben	- Studienschwierigkeiten, Beziehungsprobleme, schlechte Arbeitsleistung

Kapitel 3

Die Herausforderungen von Aufmerksamkeitsstörungen

Das Verständnis und die effektive Behandlung der Aufmerksamkeitsdefizit-Hyperaktivitätsstörung (ADHS) ist entscheidend für einen erfolgreichen Bildungsweg von der Kindheit über die Jugend bis zum Erwachsenenalter. Diese Störung beeinträchtigt die Konzentrationsfähigkeit, die Organisationsfähigkeit und die Fähigkeit zum Stillsitzen erheblich, die wesentliche Elemente für den akademischen Erfolg sind.

Diese Schüler weisen ein hohes Maß an Impulsivität, Aggression und anspruchsvollem Verhalten auf. Die Probleme, mit denen sie konfrontiert sind, zeigen sich zu Hause und in der Schule, aber auch in der breiteren Gemeinschaft. Solche Probleme können in der Regel schon früh im Leben eines Kindes erkannt werden, sodass ein schnelles Eingreifen möglich ist. Einige Eltern normalisieren jedoch möglicherweise das Verhalten ihres Kindes, bis sie es später bemerken, wenn das Kind älter ist oder mit der formalen Ausbildung beginnt. Schüler dieser Kategorie mit Verhaltensstörungen benötigen gezielte Interventionen, die die zugrunde liegenden Umwelt-, psychologischen und neurologischen Faktoren aufdecken, die diese Fehlanpassungen befeuern, um ihren spezifischen Bedürfnissen gerecht zu werden. Zu den speziellen Angeboten für Studierende mit Verhaltensstörungen gehören:

- die Entwicklung individueller Interventionspläne, um den individuellen Bedürfnissen der Lernenden durch multidisziplinäre Teams gerecht zu werden, an denen Spezialisten aus verschiedenen Bereichen wie Medizin, Psychologie oder Pädagogik beteiligt sind.

- Beziehen Sie Ressourcenlehrer ein, die entweder einzeln oder in kleinen Gruppen mit anderen identifizierten Schülern mit ähnlichen Bedürfnissen direkten Unterricht erteilen können.

Menschen mit Aufmerksamkeitsstörungen stehen oft vor einigen gemeinsamen Herausforderungen. Damit Kinder mit ADHS im schulischen Umfeld erfolgreich sein können, sind einige Anpassungen erforderlich. Die meisten Lernenden mit Aufmerksamkeitsdefizitstörung erleben Hindernisse, die ihren Lernweg beeinträchtigen, wie z. B. Schwierigkeiten, sich über längere Zeiträume zu konzentrieren und Aufgaben richtig zu organisieren. Ein Beispiel für eine Lösung wäre die Anpassung der Bildung. Ein individuelles Programm, das auf den spezifischen Stärken und Interessen jedes Schülers basiert, kann einen bemerkenswerten Unterschied in Bezug auf das Engagement und den Erfolg der Schüler machen.

ADHS stellt Menschen vor ein großes Aufmerksamkeitsdefizitproblem, das erhebliche Auswirkungen auf ihr tägliches Leben haben kann. Dazu gehören Schwierigkeiten, Anweisungen zu befolgen, während des

Unterrichts engagiert zu bleiben oder komplexe arbeitsbezogene Aufgaben zu erledigen. Diese Aufmerksamkeitsprobleme haben daher erhebliche Auswirkungen auf den akademischen und beruflichen Erfolg von Menschen mit ADHS.

Aufgrund der Art der Störung fällt es diesen Personen anfangs meist schwer, sich auf Aufgaben zu konzentrieren, die weder spannend noch anregend sind. Dies kann zu Vermeidungsverhalten und einer nicht rechtzeitigen Erledigung von Aufgaben führen.

Probleme für Erwachsene

Integrieren Sie körperliche Bewegung in Ihr tägliches Erwachsenenleben, sei es in Ihrer Lern- oder Arbeitsumgebung. Entscheiden Sie sich für Hobbys, die praktische Aufgaben beinhalten, und erwägen Sie die Verwendung konkreter Materialien oder den Einsatz interaktiver Tools wie Sprachlern-Apps, um neue Ideen zu erfassen.

Emotionale und soziale Herausforderungen: Die emotionalen Herausforderungen, mit denen ältere Erwachsene mit ADHS konfrontiert sind, führen zu Unruhegefühlen und Missverständnissen. Dazu gehören Impulsivität, mangelndes Verständnis sozialer Signale und Situationen, in denen Emotionen außer Kontrolle geraten. Eine Studie stellt außerdem fest, dass Menschen über 50 mit ADHS im

Allgemeinen weniger zufrieden mit ihrem Leben zu sein scheinen als andere Menschen derselben Altersgruppe ohne ADHS.

Nutzen Sie technologische Ressourcen, um Konzentration und Effizienz zu verbessern.

Es gibt viele Produktivitätstechniken, die Menschen mit ADHS dabei helfen, sich besser zu konzentrieren, ihre Zeit besser einzuteilen und dadurch ihre Produktivität zu steigern. Zu diesen Methoden gehört die Pomodoro- Technik . Dabei geht es darum, die Arbeit in 25-minütige Abschnitte mit kurzen Pausen aufzuteilen. Dieser Ansatz hat sich nachweislich als hilfreich erwiesen, um die Ineffizienz von Menschen mit ADHS zu überwinden, die durch Ablenkungen oder die Überlastung durch große Aufgaben verursacht werden.

Regelmäßigkeit einführen: Der Prozess der Etablierung einer konsistenten Routine kann bei der Förderung guter Arbeitspraktiken und der Leistungssteigerung hilfreich sein. Dies kann bedeuten, dass Sie bestimmte Tagesabschnitte für bestimmte Aufgaben festlegen oder keine regelmäßigen Pausen einlegen, um sich zu entspannen und neue Energie zu tanken.

Viele Produktivitätsstrategien konzentrieren sich ausschließlich auf das Zeitmanagement und vernachlässigen den entscheidenden Aspekt, genügend Energie zu haben, um Aufgaben tatsächlich zu erledigen. Es ist jedoch unsere mentale und kognitive Energie, die uns wirklich produktiv macht (Werber sind sich dessen bewusst...), da sie es uns ermöglicht, über diesen physischen Körper, der zu Bewegung und Wahrnehmung fähig ist, mit der Welt zu interagieren. Schaffen Sie ein Umfeld, das für Menschen mit Aufmerksamkeitsstörungen förderlich ist:

Stellen Sie sich einen Mitarbeiter mit ADHS vor, der Schwierigkeiten hat, bei langen Besprechungen konzentriert zu bleiben. Eine geeignete Lösung könnten kürzere, gezieltere Treffen oder die Bereitstellung schriftlicher Zusammenfassungen nach dem Treffen sein.

Die Schule war ein entscheidender Faktor bei meiner Anpassung. Die Lehrer sind gut darin geschult, die Herausforderungen von Aufmerksamkeitsregulationsstörungen zu verstehen, was zu Änderungen in ihren Lehrmethoden geführt hat. Sie begannen, die Unterrichtsfragmentierung mit einer interaktiven Methode zu nutzen, die mich beschäftigte: Ich beteiligte mich auch an der Diskussion und dem Unterrichten der Lektionen.

Diese Ressourcen können Informationen zu einem bestimmten Aufmerksamkeitsprofil liefern. Sie können Ihnen dabei helfen, Strategien zur Bewältigung der Symptome zu finden, und dienen auch als Leitfaden für Lehrer, Eltern oder medizinisches Fachpersonal, die Menschen mit einer Aufmerksamkeitsstörung unterstützen möchten.

Schließlich müssen die emotionalen und körperlichen Folgen für den Menschen berücksichtigt werden. Wenn zwischenmenschliche Beziehungen ihrer emotionalen Gesundheit oder ihrem körperlichen Wohlbefinden nicht förderlich sind, könnte dies ein Zeichen dafür sein, dass zugrunde liegende Probleme angegangen werden müssen.

Dieses Programm wurde entwickelt, um das Funktionieren und die Kommunikation innerhalb der Familien zu verbessern und den Zusammenhalt der Familie zu stärken. Es befasste sich mit der sozialen Isolation und beteiligte gleichzeitig die Eltern an schulischen Aktivitäten. Die kontinuierliche Verbesserung von Präventionsprogrammen ist eine ständige Herausforderung. Allerdings können entsprechende Programme dazu beitragen, die Zahl verhaltensauffälliger Schüler zu reduzieren. Diese Planungsressource fasst verschiedene Präventionsprogramme und -strategien zusammen, die Schulen anwenden können, um diese Geißel einzudämmen. Weitere präventive Maßnahmen umfassen: Ermöglichung von Freizeitaktivitäten zu unterschiedlichen Zeiten für Studierende durch verschiedene Partnerschaften; Erstellen Sie Präventionsmaterialien und organisieren Sie entsprechende Aktivitäten für Schulen und Gemeinden. Angst wirkt sich direkt auf unsere sozialen Fähigkeiten und Interaktionen aus und beeinflusst die Art und Weise, wie wir mit anderen kommunizieren, sowie die Qualität unserer Beziehungen.

Kategorie	*Herausforderungen*	*Mögliche Konsequenzen*

Akademisch	- Konzentrationsschwierigkeiten im Unterricht	- Schlechte akademische Leistungen
	- Hausaufgaben und Projekte vergessen	- Verzögerungen bei Schularbeiten, schlechtere Noten
	- Schwierigkeiten beim Befolgen von Anweisungen	- Konflikte mit Lehrern
	- Desorganisation	- Mangel an Schulmaterialien, wiederholte Misserfolge
Sozial	- Impulsivität in Interaktionen	- Beziehungsprobleme, soziale Isolation
	- Schwierigkeiten beim Warten, bis Sie an der Reihe sind	- Ablehnung durch Gleichaltrige
	- Unangemessenes Verhalten in sozialen Kontexten	- Konflikte mit Freunden und Familie

Emotional	- Frustration und Ungeduld	- Intensive und unkontrollierte Emotionen
	- Geringe Selbstachtung	- Versagensgefühl, Angst, Depression
	- Sensibilität gegenüber Kritik	- Übermäßige emotionale Reaktionen
Fachmann	- Desorganisation am Arbeitsplatz	- Schlechte Arbeitsleistung, mögliche Entlassung
	- Schwierigkeiten, Fristen einzuhalten	- Probleme mit Hierarchie und Kollegen
	- Neigung zu Vergesslichkeit und Ablenkung	- Produktivitätsverlust, häufige Fehler
Familie	- Häufige Konflikte mit Familienmitgliedern	- Familiäre Spannungen, erhöhter Stress

	- Schwierigkeiten bei der Bewältigung von Haushaltspflichten	- Unordnung zu Hause, Vernachlässigung der Hausarbeit
Verhalten	- Körperliche Hyperaktivität	- Unfähigkeit still zu sitzen, ständige Unruhe
	- Impulsives Verhalten	- Unfälle, riskante Entscheidungen
Zeitmanagement	- Schwierigkeiten beim Abschätzen der Zeit, die für Aufgaben benötigt wird	- Häufige Verzögerungen, Aufschub
	- Unfähigkeit, einen strukturierten Zeitplan einzuhalten	- Tägliches Chaos, häufiges Vergessen
Finanziell	- Schlechtes Geldmanagement	- Schulden, finanzielle Probleme
	- Impulskäufe	- Schwierigkeiten beim Sparen, übermäßige Ausgaben

Gesundheit	- Vernachlässigung der persönlichen Fürsorge	- Gesundheitsprobleme, mangelnde Hygiene
	- Unausgewogene Ernährung	- Gewichtsprobleme, chronische Erkrankungen
	- Schlaflosigkeit und Schlafstörungen	- Müdigkeit, Konzentrationsverlust, Reizbarkeit
Selbstverwaltung	- Schwierigkeiten beim Einrichten und Befolgen von Routinen	- Mangelnde Struktur im Alltag, erhöhter Stress
	- Unfähigkeit, Prioritäten zu setzen	- Wichtige Aufgaben nicht erledigt, Häufung von Verzögerungen

Kapitel 4

Bereiten Sie das Gelände vor

Behandlung von Aufmerksamkeitsstörungen: Die Rolle von Bildung und Bewusstsein.

Betroffene Kinder müssen weiterhin zur Schule gehen und sich Wissen aneignen. Daher ist es von entscheidender Bedeutung, dass sie schrittweise bei der Entwicklung von Fähigkeiten unterstützt werden, da diese eine wesentliche Rolle für den akademischen und sozialen Erfolg spielen. Sogar Kinder, die an echter ADHS leiden, einer neurochemischen Störung, können davon profitieren, bestimmte Gewohnheiten zu überprüfen, die ihnen helfen würden, ihre Aufmerksamkeitsspanne und Selbstkontrolle in einem Ansatz mit optimaler Wahrscheinlichkeit zu verbessern.

Es ist wichtig zu verstehen, dass bestimmte Verhaltensweisen und Einstellungen nicht immer das Ergebnis schlechter Absichten oder mangelnder Aufklärung sind, sondern durch ADHS entstehen können. Wir dürfen den Schüler nicht als unfähig wahrnehmen, sich zu verbessern, sondern vielmehr als jemanden, der angepasste pädagogische Interventionen und die Möglichkeit benötigt, eigene Anpassungsstrategien zu entwickeln, um seine Störung besser kontrollieren zu können. Im Folgenden finden Sie einige Vorschläge, die die Herausforderungen hervorheben, mit denen ein Schüler mit

ADHS konfrontiert sein kann. Dazu gehören Aufmerksamkeits- und Konzentrationsschwierigkeiten, beispielsweise die Unfähigkeit, die Aufmerksamkeit über einen längeren Zeitraum aufrechtzuerhalten oder die Aufmerksamkeit auf verschiedene Aufgaben aufzuteilen . Kinder lassen sich leicht ablenken und leiden unter einem selektiven Aufmerksamkeitsdefizit. Das bedeutet, dass sie sich über längere Zeiträume nicht konzentrieren können und sich leicht durch äußere (z. B. Licht oder Lärm) und innere (Gefühle oder Gedanken) Reize ablenken lassen.

Wir beobachten einen Wandel gesellschaftlicher Normen, insbesondere im Hinblick auf die Schaffung von Autorität und Wissen. Diese Veränderungen wirken sich auch auf die Beziehungen zwischen Lehrern und Schülerfamilien sowie zu ihren Schülern aus und stellen sie täglich vor neue Herausforderungen: Wie gehen sie mit Mobiltelefonen und digitalen Informationen um, wie gehen sie mit Herausforderungen ihrer Legitimität oder Eingriffen in ihr Privatleben um? Sogar das oppositionelle Verhalten der Genossen vermischte sich mit Provokation.

Konzentration wirkt sich nicht auf alle Menschen in gleicher Weise aus. Manche Menschen können sich leicht auf eine Aufgabe einlassen, während andere möglicherweise die Schaffung von Arbeitsbedingungen durch Rituale als Voraussetzung dafür benötigen. Aber wir kennen die Faktoren, die die Konzentration fördern.

Wir haben nicht alle die gleiche Konzentrationsfähigkeit. Manche Menschen können sich leicht in eine Aufgabe stürzen, während andere bestimmte Rituale benötigen, um ein freundliches Arbeitsumfeld zu schaffen und in die richtige Stimmung zu kommen. Dennoch wurden die Faktoren identifiziert, die die Konzentration beeinflussen.

Konzentrationsprobleme können uns alle betreffen. Es gibt Zeiten, in denen sie spezifisch sind und leicht wegrationalisiert werden können (z. B. Stress oder eine laute Arbeitsumgebung), aber es gibt auch Zeiten, in denen sie aus komplexen zugrunde liegenden Gründen jahrelang anhalten. Diese Gründe können unter anderem von nicht diagnostiziertem ADHS oder anderen psychischen Erkrankungen/Pathologien bis hin zu tieferen psychologischen Problemen reichen. Unabhängig von der Ursache ist es jedoch unbedingt erforderlich, einen Arzt aufzusuchen, wenn sich diese Beschwerden verschlimmern oder über einen längeren Zeitraum anhalten . Konsultieren Sie auf jeden Fall unbedingt einen Arzt, wenn sich diese Probleme mit der Zeit verschlimmern.

Hier ist eine weitere Lösung zur Stressbewältigung, von der Sie vielleicht noch nie gehört haben. Die Herzkohärenztechnik. Achten Sie bei dieser Entspannungsübung darauf, dass Ihre Atemfrequenz sechs Atemzüge pro Minute beträgt. Das sind fünf Sekunden Einatmen und fünf Sekunden Ausatmen. Dadurch entsteht ein sogenannter physiologischer Mechanismus, die Herzresonanz, bei der Ihre Atmung und Ihr Herzschlag perfekt synchronisiert sind und ein harmonischer Zustand in Ihrem Körper entsteht. Diese auch als „365"-Methode bekannte Übung sollte dreimal täglich für jeweils 5 Minuten mit einer Frequenz von 6 Atemzügen pro Minute durchgeführt werden. Diese Technik hilft Ihnen, Ihr Nervensystem zu kontrollieren, da das sympathische System in Stresssituationen einen Adrenalinstoß auslöst, der Sie auf Kampf oder Flucht vorbereitet. Diese Übung kann dazu beitragen, den normalen Herz- und Atemrhythmus zu normalisieren, indem sie auf bestimmte damit verbundene Nerven einwirkt.

Machen Sie es sich an einem unbequemen Ort bequem, um Ihre gewohnten Muster zu durchbrechen. Konzentrieren Sie sich auf die angespanntesten Bereiche Ihres Körpers. Beginnen wir oben am Kopf. Stellen Sie sich eine Welle der Entspannung vor, die von diesem Punkt herabströmt. Ein Bild kann dabei helfen, diese Gefühle zu verkörpern: Stellen Sie sich ein Licht vor, das sanft dort scheint, wo Sie Spannung spüren, und nachlässt, während es sich auflöst. Ihre Gedanken wirken sich auch auf Ihren körperlichen Zustand aus: Seien Sie achtsam und bewusst, um sie positiv zu gestalten.

Entspannung und Stressbewältigung sind wichtige Instrumente, um Kindern mit DYS zu helfen, sich zu entspannen, sich zu konzentrieren und ihre Emotionen zu bewältigen. Obwohl sie Kindern mit DYS verschiedene Vorteile bieten können, sind verschiedene Entspannungstechniken wie Meditation, Atemübungen und sensorische Aktivitäten einige Möglichkeiten, wie sie dies erreichen können.

Bedeutung von Ernährung und Bewegung

Wenn Sie über die Rolle von Ernährung und körperlicher Aktivität für das Wohlbefinden nachdenken, können Sie deren tiefgreifenden Einfluss auf die allgemeine Gesundheit verstehen. Die wichtigste Rolle der Ernährung besteht in der Bereitstellung essentieller Nährstoffe, Vitamine und Mineralien, die für die optimale Funktion des Körpers notwendig sind. Eine optimale körperliche und geistige Leistungsfähigkeit kann durch eine ausgewogene Ernährung mit verschiedenen Obst- und Gemüsesorten, Vollkornprodukten, fettarmen Proteinen und gesunden Fetten erreicht werden.

Fitnessziele können nicht allein durch Bewegung erreicht werden; Ebenso wichtig ist die Ernährung. Es ist notwendig, die richtigen Nährstoffe aufzunehmen, die Ihnen dabei helfen, Ihr Training voranzutreiben, Muskeln aufzubauen und positive Ergebnisse zu erzielen. Von Makronährstoffen wie Kohlenhydraten, Proteinen und Fetten bis hin zu Mikronährstoffen wie Vitaminen und Mineralstoffen spielt jeder von ihnen eine spezifische Rolle für die Funktion Ihres Körpers und seine Fähigkeit, sich zu erholen und Leistung zu erbringen.

Um im Leben ein Gleichgewicht zu erreichen, muss die körperliche und geistige Gesundheit gleichermaßen berücksichtigt werden. Bei der Suche nach Balance spielen zwei wesentliche Elemente eine Rolle: Bewegung und Ernährung. Körperlich gesehen sorgt Sport dafür, dass der Körper fit bleibt und fördert gleichzeitig Kraft, Ausdauer und sogar die allgemeine Gesundheit. Umgekehrt trägt die Ernährung dazu bei, den Körper mit den Nährstoffen zu versorgen, die für sein reibungsloses Funktionieren unerlässlich sind. Aus mentaler Sicht tragen körperliche Aktivität und eine gute Ernährung dazu bei, Stress und Ängste zu reduzieren, können aber auch die Stimmung verbessern und das Energieniveau steigern. Durch diesen dualen Ansatz können wir hoffen, ein Gleichgewicht zwischen Geist und

Körper zu finden und so ein ganzheitliches Wohlbefinden zu gewährleisten.

Kategorie	Strategien	Beschreibung
Ausbildung	- Aufklärung und Schulung	- Informieren Sie Lehrer, Eltern und Mitschüler über ADHS und seine Erscheinungsformen
	- Lehrertraining	- Bieten Sie spezifische Schulungen zum Umgang mit Schülern mit ADHS an
	- Elternbildung	- Bieten Sie Workshops und Ressourcen an, um Eltern zu helfen, ADHS zu verstehen und damit umzugehen
Umfeld	- Anordnung des Arbeitsbereichs	- Schaffen Sie einen ruhigen und organisierten Arbeitsplatz, um Ablenkungen zu reduzieren
	- Verwendung visueller Erinnerungen	- Sehen Sie sich Zeitpläne, Aufgabenlisten und visuelle Erinnerungen an, um die Organisation zu erleichtern
	- Reduzierte Ablenkungen	- Minimieren Sie Lärm und störende Objekte in der Umgebung
Routinen	- Etablierung von Tagesabläufen	- Legen Sie feste Routinen für die täglichen Aktivitäten fest
	- Verwendung von Checklisten	- Verwenden Sie Checklisten, um Aufgaben und

		Hausaufgaben zu verfolgen
Schulunterstützung	- Planung und Zeitmanagement	- Verwenden Sie Kalender und Timer, um die Zeit zu verwalten
	- Pädagogische Anpassungen	- Sorgen Sie für zusätzliche Zeit zum Testen, häufige Pausen und klare Anweisungen
	- Nachhilfe und individuelle Betreuung	- Bieten Sie Nachhilfe an, um den Schülern zu helfen, mit der Schule Schritt zu halten
	- Einsatz von Bildungstechnologien	- Nutzen Sie Apps und digitale Tools, um beim Lernen und bei der Organisation zu helfen
Professionelle Unterstützung	- Flexibilität in den Arbeitszeiten	- Bieten Sie flexible Arbeitszeiten oder Telearbeitsoptionen an
	- Anpassung der Arbeitsumgebung	- Schaffen Sie ein Arbeitsumfeld, das an die Bedürfnisse von Menschen mit ADHS angepasst ist
	- Schulung und Sensibilisierung von Kollegen und Vorgesetzten	- Informieren und schulen Sie die Mitarbeiter über ADHS, um ein verständnisvolles und integratives Arbeitsumfeld zu fördern
Therapie und Unterstützung	- Verhaltenstherapie	- Implementieren Sie Verhaltenstherapien, um zu lernen, mit den Symptomen umzugehen
	- Selbsthilfegruppen	- Nehmen Sie an Selbsthilfegruppen teil,

		um Erfahrungen und Strategien auszutauschen
	- Persönliches Coaching	- Stellen Sie Trainer ein, die auf ADHS-Management spezialisiert sind
Mit Emotionen umgehen	- Entspannungstechniken	- Erlernen und üben Sie Entspannungstechniken wie Meditation oder tiefes Atmen
	- Strategien zur Stressbewältigung	- Entwickeln Sie Strategien zur Stressbewältigung, z. B. durch körperliche Bewegung oder Hobbys
Gesundheit und Wohlbefinden	- Ausgewogene Ernährung	- Achten Sie auf eine gesunde und ausgewogene Ernährung, um Ihre Konzentration und Energie zu verbessern
	- Regelmäßige körperliche Aktivität	- Integrieren Sie körperliche Bewegung in den Tagesablauf, um Hyperaktivität zu reduzieren
	- Schlafmanagement	- Richten Sie regelmäßige Schlafroutinen ein, um ausreichend Ruhe zu gewährleisten
Technologie	- Zeit- und Aufgabenmanagement -Apps	- Verwenden Sie Apps, um Aufgaben, Termine und Hausaufgaben zu verfolgen
	- Erinnerungs- und Benachrichtigungstools	- Nutzen Sie digitale Tools für regelmäßige Erinnerungen und Benachrichtigungen

- Konzentrationshilfe-Software	- Verwenden Sie Software, die die Konzentration verbessert und Online-Ablenkungen reduziert

Kapitel 5

Beobachtung und Analyse

Notieren Sie Verhaltensbeobachtungen.

Diese Art von Verhalten kann zu einem Rückstand an Aufgaben führen, die unvollständig bleiben, von schlecht gelesenen Berichten oder Büchern bis hin zu unerledigten Hausarbeiten. Es geht nicht nur um eine kurze Aufmerksamkeitsspanne; Impulsivität ist der Kern dieses Problems: Sie durchschneidet unseren Konzentrationsfaden und reißt uns weg, bevor wir diese baumelnden Fäden überhaupt zusammenbinden können.

Zeigen Sie eine größere Toleranz hinsichtlich der Qualität des Schreibens und Zeichnens. Dazu gehören künstlerische und grafische Elemente sowie geometrische Details. Führen Sie Notizbücher (z. B. wenn der Schüler Feinmotorikschwierigkeiten oder motorische Ungeschicklichkeit hat) und achten Sie auf Aufmerksamkeitsprobleme, die aus der Störung resultieren.

Ressourcenauswahl: IT- und Bildungstools können dabei helfen, diese Herausforderungen zu meistern.

Es gibt keinen allgemein „richtigen" Weg, mit diesen Situationen umzugehen. Zu den häufigen Vorschlägen gehören, Auslöser nach Möglichkeit zu vermeiden, Pausen einzulegen, wenn die

Dinge zu schwierig erscheinen, und sich anderen gegenüber zu öffnen, wie man mit solchen schwierigen Situationen besser umgehen kann.

Wenn wir in der Lage sind, unsere Emotionen zu kontrollieren, anstatt sie unsere Handlungen und Reaktionen bestimmen zu lassen, können wir ein friedlicheres Leben führen. Um mit Wut umzugehen, müssen wir ihre Ursache verstehen, erkennen, dass sie Teil von ADHS ist, und sicherstellen, dass wir über verschiedene Strategien verfügen, um damit umzugehen.

Verbessern Sie Ihr Bewusstsein, indem Sie lernen, Stressszenarien zu erkennen (z. B. Prüfungszeiten, Abgabetermine für Aufgaben oder Vorstellungsgespräche) und effektive Wege finden, mit dem daraus resultierenden Stress umzugehen.

Achtsamkeit ist kein Abenteuer, sondern eine Meisterschaft. Es gibt viele Möglichkeiten, von allgemeiner, auf Achtsamkeit basierender Stressreduktion bis hin zu spezialisierteren, auf Achtsamkeit basierenden Interventionen. Für Eltern mit ADHS, die versucht haben (oder dazu gedrängt wurden), Achtsamkeitstraining zu absolvieren, könnte es überraschend sein, wie sehr sich diese Praxis nicht nur auf Ihr individuelles Leben, sondern auch auf die Dynamik innerhalb Ihres Familienkreises auswirken kann.

Um die Beharrlichkeit zu verbessern, streben Sie nach mehr Konsequenz: Erwägen Sie, Achtsamkeitsübungen in Ihren Tagesablauf zu integrieren, z. B. die Durchführung eines kurzen Körperscans am Ende des Tages oder das achtsame Atmen, während Sie jeden Morgen auf Ihren Kaffee warten.

Auswirkungen von Aufmerksamkeitsstörungen auf Einzelpersonen. ADHS und andere Aufmerksamkeitsstörungen können erhebliche Auswirkungen auf das Leben eines Menschen haben. Von Konzentrationsschwierigkeiten bei der Arbeit oder in der Schule bis hin zu Schwierigkeiten beim Aufrechterhalten von Beziehungen aufgrund von Impulsivität oder Vergesslichkeit können die Auswirkungen weitreichend sein. Einfache Eingriffe wie die Verwendung von Zeitschaltuhren oder Organisationstools mögen trivial erscheinen, können aber tatsächlich einen erheblichen Unterschied in der Fähigkeit einer Person machen, trotz dieser Herausforderungen effektiv zu funktionieren.

Einleitung: Das Problem der Aufmerksamkeit und ihrer Beeinträchtigung bei Patienten mit neurologischen Entwicklungsstörungen wird oft übersehen. Die Aufmerksamkeit kann durch viele Bedingungen beeinträchtigt werden, darunter Ablenkungen, aufdringliche Gedanken und konkurrierende Interessen; Diese Situationen führen zu kognitiver Überlastung und Dual-Tasking-Situationen.

Bei dieser Störung ist Hyperaktivität ein wichtiger Indikator. Mangelnde Aufmerksamkeit führt zu echtem inneren und äußeren Aufruhr, der schwer einzudämmen sein kann. Wenn Sie an einer Aufmerksamkeitsstörung leiden, werden Sie wahrscheinlich einige bekannte Anzeichen bemerken.

Die Auswirkungen der Aufmerksamkeitsdefizitstörung auf zwischenmenschliche Beziehungen sollten nicht unterschätzt werden. Dies führt oft zu Zwietracht mit Ihren Mitmenschen, ein typisches Szenario bei Menschen, die von einer Aufmerksamkeitsdefizitstörung betroffen sind oder jemandem nahe stehen. Die Menschen in Ihrem Umfeld sind sich der Schwere dieser Erkrankung oft nicht bewusst. es geht weit über einfache Manifestationen von Hyperaktivität hinaus. Unfähigkeit, sich während einer Diskussion zu konzentrieren oder aufgrund von Aufregung ständig die Position zu wechseln, sind jedoch Anzeichen dafür, dass andere Ihr Bedürfnis, Ihre Sätze zu Ende zu bringen, erkannt und Ihnen geholfen haben sollten, auch wenn sie unlogisch sind, bevor Sie es tun. Dies wird später sicherlich zu Kommunikationsschwierigkeiten führen Es könnte dazu führen, dass Sie in Situationen geraten, in denen andere leicht beleidigt sind, weil sie das Gefühl haben, dass Sie dem Gesagten nicht genügend Aufmerksamkeit schenken. Manchmal bemühen sich Menschen, Bewältigungsstrategien zu finden, aber wenn ADHS gleichzeitig mit Problemen mit hohem Potenzial oder Angstzuständen besteht, nehmen die Interaktionen eine andere Wendung und werden fragiler und heikler, weil nicht jeder problemlos mit solchen Feinheiten umgehen kann.

Möglichkeiten, sich besser zu konzentrieren

In dieser Sitzung wird ein breites Spektrum an Anpassungen, Taktiken und Konfigurationen untersucht, um Herausforderungen in den Bereichen Konzentration, Lesen, Organisationsfähigkeit und Unabhängigkeit, Unruhe, emotionale Überwältigung und Demotivation zu bewältigen.

Eine Möglichkeit, sich besser zu konzentrieren, besteht darin, sich voll und ganz auf eine einzige Aufgabe zu konzentrieren. Und warten Sie, bis Sie damit fertig sind, bevor Sie sich für einen anderen interessieren. Um es einfacher zu machen, können Sie es in mehrere kleine, anspruchslose Aufgaben unterteilen. Auf diese Weise werden Sie sich nicht überlastet fühlen und vermeiden, in Prokrastination zu verfallen. Ein bestimmter Weg, um eine bessere Konzentration zu erreichen.

Möglichkeiten zur Verbesserung der Konzentration: Die Implementierung von Lernstrategien wie der Pomodoro-Technik kann Lernenden dabei helfen, ihre Lernstunden in Intervalle intensiver Konzentration aufzuteilen, unterbrochen von kurzen Pausen: eine wirksame Möglichkeit, die Verwaltungszeit zu verbessern und Prokrastination zu vermeiden. Zu diesen praktischen Übungen gehört das Spielen von Instrumentalmusik während des Lernens, das Aufstellen einer kleinen Pflanze auf Ihrem Schreibtisch und das Setzen kleiner erreichbarer Ziele für jede Lerneinheit, die Sie am Ende belohnen.

Ein Beispiel hierfür ist die Ausübung körperlicher Aktivität. Es fördert positives Verhalten und geht gleichzeitig auf Probleme im Zusammenhang mit mangelnder Konzentration und Aufmerksamkeit ein. Die Ressource unterscheidet diese beiden Kategorien: gute und schlechte Verhaltensweisen, die eine Person durch Instanzen aufmerksamer machen können. Anschließend kann die Person ihre bevorzugten Aktionen zusammen mit dem Fachmann auf dem Formular notieren. Dieses Dokument kann dann als Andenken für sie dienen.

Sie müssen auf Ihre kognitiven Fähigkeiten achten. Sie helfen Ihnen zu erkennen, wann Sie sich in einem Zustand der Hyperkonzentration befinden : Nutzen Sie sie zu Ihrem Vorteil für Aufgaben, die volle Aufmerksamkeit erfordern. Ebenso wichtig ist, dass das Gefühl der Achtsamkeit Sie alarmiert, wenn Ihr Geist von einem „Nebel" verschleiert wird; Ermutigen Sie entweder zu einer verdienten Pause oder zur Beschäftigung mit leichteren Aufgaben. Diese Hörfähigkeit Ihres Gehirns ist für die Erzielung optimaler Leistung und die Sorge um sich selbst unerlässlich.

Verbesserung der Konzentration durch sensorische Reize: Ein Ergotherapeut demonstriert anhand von Fallstudien, wie hyper- und hyporeaktive Verhaltensweisen eng mit Aufmerksamkeitsschwierigkeiten verbunden sind, und dient Lehrern als praktischer Leitfaden bei ihrer täglichen Identifizierung. Es bietet Umgebungsanpassungen und einfache Ansätze, die das harmonische Funktionieren verschiedener Sinnessysteme fördern.

Bühne	*Beschreibung*	*Zu ergreifende Maßnahmen*
1. Symptome identifizieren	Erkennen Sie Anzeichen von ADHS wie Unaufmerksamkeit, Hyperaktivität und Impulsivität.	- Beobachten Sie das tägliche Verhalten. - Beachten Sie häufige Symptome und deren Auswirkungen auf Aktivitäten.
2. Sammlung von Informationen	Sammeln Sie detaillierte Informationen zur Kranken-, Familien- und Bildungsgeschichte.	- Sammeln Sie Berichte von Eltern, Lehrern und anderen wichtigen Erwachsenen. - Verwenden Sie Fragebögen und standardisierte Bewertungsskalen.

3. Klinische Bewertung	Führen Sie eine gründliche klinische Beurteilung durch einen Arzt durch.	- Konsultieren Sie einen auf ADHS spezialisierten Kinderarzt, Psychologen oder Psychiater. - Führen Sie klinische Interviews und direkte Beobachtungen durch.
4. Verwendung der DSM-5-Kriterien	Wenden Sie die DSM-5-Diagnosekriterien für ADHS an.	- Vergleichen Sie die beobachteten Symptome mit den DSM-5-Kriterien. - Überprüfen Sie das Vorhandensein von Symptomen mindestens sechs Monate lang und in verschiedenen Kontexten (zu Hause, in der Schule).
5. Beobachtung im schulischen Umfeld	Beobachten Sie das Verhalten des Kindes im schulischen Kontext, um spezifische Schwierigkeiten zu identifizieren.	- Arbeiten Sie mit Lehrern zusammen, um das Verhalten im Klassenzimmer zu überwachen und aufzuzeichnen. - Verwenden Sie Beobachtungsraster und Schulberichte.
6. Beobachtung im familiären Umfeld	Beobachten Sie das Verhalten des Kindes zu Hause und in anderen sozialen Umgebungen.	- Beachten Sie familiäre Interaktionen, Tagesabläufe und Verhaltensweisen bei Freizeitaktivitäten.
7. Psychometrische Tests	Verwenden Sie psychometrische Tests, um kognitive Fähigkeiten und exekutive Funktionen zu beurteilen.	- Führen Sie standardisierte Tests durch, um Aufmerksamkeit, Gedächtnis, Planung und Organisation zu bewerten.

8. Datenanalyse	Analysieren Sie die gesammelten Daten, um Muster und beitragende Faktoren zu identifizieren.	- Informationen aus verschiedenen Quellen zusammenfassen. - Vergleichen Sie die Ergebnisse von Beobachtungen, Interviews und psychometrischen Tests.
9. Entwicklung der Diagnose	Erstellen Sie eine Diagnose auf der Grundlage aller gesammelten Daten und der Diagnosekriterien.	- Stellen Sie fest, ob die Symptome mit der Diagnose ADHS oder einer anderen Störung übereinstimmen. - Konsultieren Sie bei Bedarf andere Fachleute für eine vollständige Diagnose.
10. Planung von Interventionen	Entwickeln Sie einen individuellen Interventionsplan, der auf den spezifischen Bedürfnissen des Einzelnen basiert.	- Entwickeln Sie geeignete Bildungs-, Verhaltens- und Therapiestrategien. - Beziehen Sie Eltern, Lehrer und Gesundheitsfachkräfte in den Plan ein.
11. Überwachung und Neubewertung	Führen Sie eine regelmäßige Überwachung durch, um die Wirksamkeit der Interventionen zu bewerten und passen Sie den Plan bei Bedarf an.	- Vereinbaren Sie regelmäßige Nachsorgetermine mit medizinischem Fachpersonal. - Bewerten Sie die Symptome und Fortschritte regelmäßig neu.

VS

Kapitel 6

Managementstrategien für Kinder mit Aufmerksamkeitsstörungen

Effektive Managementstrategien für Kinder mit Aufmerksamkeitsstörungen
Aufmerksamkeitsstörungen bei Kindern verstehen.

■ Machen Sie Übungen, die Ihnen helfen, sich zu konzentrieren. Bitten Sie ein Kind beispielsweise, eine Aufgabe wie Lesen oder eine andere Aufgabe zu erledigen, bei der es Schwierigkeiten hat, sich zu konzentrieren. Beginnen Sie mit kürzeren Aufgaben und berechnen Sie, wie lange es dauern wird, sie zu erledigen. Stoppen Sie den Timer jedes Mal, wenn das Kind die Aufgabe verlässt, und starten Sie ihn erneut, wenn es zur Aufgabe zurückkehrt. Das Ergebnis gibt uns die tatsächlich benötigte Zeit zur Erledigung der Aufgabe. Auch Überarbeitungen der Arbeit oder nach der Lektüre aufgeworfene Fragen sind Zeichen des Erfolgs. Es können Ziele gesetzt werden, um die Herausforderung und Motivation zu steigern. Viele junge Menschen mit Aufmerksamkeitsdefizitstörung haben Schwierigkeiten, ihre Gedanken und ihre Umgebung zu ordnen.

Für ihr Alter sind diese Kinder relativ unaufmerksam, impulsiv und hyperaktiv. Ihre Konzentration kann beeinträchtigt sein und sie können ihr Potenzial möglicherweise nicht ausschöpfen. Typischerweise nimmt ADHS im Jugend- und Erwachsenenalter leicht ab. In den meisten Fällen gehen mit diesen klassischen ADHS-Symptomen weitere Erkrankungen und psychische Auffälligkeiten (Komorbidität) einher, was darauf hindeutet, dass diese Kinder möglicherweise erheblich betroffen sind. ADHS kann auch langfristige Auswirkungen auf das Familienleben sowie das Schul- und Berufsleben haben. Studien zeigen, dass im Kindesalter diagnostizierte ADHS-Symptome in 40 bis 60 % der Fälle bis ins Erwachsenenalter bestehen bleiben. Darüber hinaus entscheiden in der Schweiz die Konzentrationsfähigkeit, die Ausdauer und die Konzentrationsfähigkeit über die schulischen Erfolgschancen eines Kindes: Noten werden neben der Leistung immer auch auf bestimmten, für die Leistung wichtigen Verhaltensweisen (z. B. verbale Teilnahme und Schnelligkeit bei der Lösung von Aufgaben) basieren.

Schaffen Sie eine strukturierte Umgebung für Kinder mit Aufmerksamkeitsstörungen.

Bestimmte Übungen können in der Schule oder zu Hause durchgeführt werden, um jungen Menschen zu helfen, ihre Aufmerksamkeitsfähigkeiten zu verbessern. Kinder mit hyperaktiv-impulsivem ADHS können unruhig sein und Schwierigkeiten haben, längere Zeit still zu sitzen. Sie müssen oft Energie aufwenden. Für manche Menschen ist Selbstkontrolle ohne die Fähigkeit, loszulassen, manchmal praktisch unmöglich. Das muss man berücksichtigen und regelmäßig aktiv machen. Dadurch wird die Spannung, die durch die kontinuierliche Kontrolle der Bewegung entsteht, geringer und leichter zu bewältigen sein. Tatsächlich brauchen diese jungen Menschen ein gewisses Gleichgewicht zwischen Phasen, in denen sie sich beherrschen und ruhig bleiben müssen, und Phasen, in denen sie sich ein wenig entspannen können. Wirksame Interventionen zur Reduzierung der Unruhe gleichen den Energieverbrauch und die motorische Kontrolle aus.

Die Auswahl der besten Materialien basiert auf einer Einschätzung der Schwierigkeiten des Kindes. Methoden zur Begrenzung der Unaufmerksamkeit Bei Jugendlichen mit unaufmerksamem ADHS zielen Interventionen in erster Linie auf die Verbesserung der Aufmerksamkeit ab und erfordern häufig Aufmerksamkeitsverschiebungen. Tatsächlich ist das Befolgen von Anweisungen ein großer Charakterfehler. Oft ist es notwendig, das Umfeld zu verändern und Unterricht zu geben, damit junge Menschen lernen können und nicht ins Hintertreffen geraten. Bestimmte Übungen können in Schulen geübt werden, um jungen Menschen zu helfen, ihre Aufmerksamkeitsfähigkeiten zu verbessern. Beispiele für Interventionen, die darauf abzielen, Unaufmerksamkeit zu reduzieren und das Zuhören und Befolgen von Anweisungen zu verbessern. Stellen Sie sicher, dass die Anweisungen verstanden werden, indem Sie sie bitten, hinzusehen, ihren Ton zu ändern, zu klatschen oder die Finger an den Mund zu legen. Verwenden Sie kurze, klare und präzise Anweisungen. Vermeiden Sie es, mehrere Anweisungen gleichzeitig zu erteilen. Verwenden Sie visuelle Hilfsmittel, um Sie an Anweisungen zu erinnern. Wiederholen Sie die Anweisungen nach 5 Minuten. Nutzen Sie Schüler als Beispiele. Bitten Sie die Schüler, die Anweisungen zu wiederholen. Ermutigen Sie die Schüler, sich die erforderlichen Aufgaben im Kopf vorzustellen. Allerdings muss der Einsatz geistiger Bilder an das Alter und die geistige Entwicklung des Jugendlichen angepasst werden.

Kinder brauchen eine sichere und fördernde Umgebung, um sich sicher zu fühlen und gesunde Bindungen zu entwickeln. Dies bedeutet, für eine körperlich sichere Umgebung mit geeignetem Spielzeug und geeigneter Ausrüstung zu sorgen und sicherzustellen, dass das Kind jederzeit beaufsichtigt wird. Es bedeutet auch, ein emotional sicheres Umfeld zu schaffen, in dem sich das Kind geliebt, geschätzt und respektiert fühlt. Dies kann erreicht werden, indem man warmherzig und liebevoll ist, angemessene Grenzen setzt und harte oder strafende Disziplin vermeidet.

Adaptive Bildungsaktivitäten und Spiele

Verstärken Sie das Lernen mit Lernspielen. Der spielerische Aspekt erhöht das Interesse von Kindern, die an dieser Pathologie leiden. Sie werden eher zusätzliche Anstrengungen unternehmen, um länger konzentriert zu bleiben. Verwenden Sie einen multisensorischen Ansatz, der mehrere Sinne nutzt, um junge Menschen zum Lernen zu ermutigen, z. B. Sehen, Hören, Berühren (Manipulative) und Bewegung. Unterrichten Sie morgens die schwierigsten Fächer. Für junge Menschen, die Medikamente einnehmen, ist es am besten, neue Konzepte früh morgens und nach der Arbeit einzuführen, wenn die Medikamente am wirksamsten sind, also etwa 45 Minuten nach dem Abendessen. ■Junge Menschen müssen sitzen bleiben, Mobilitätsalternativen, Einzel- und Gruppenaktivitäten sowie Zuhör- und Beteiligungsaktivitäten haben. Deshalb variieren wir die Intensität der erforderlichen Aufmerksamkeit.

Nutzen Sie pädagogische Interventionen und Anpassungen.

Diese Dienste bieten zusätzliche Unterstützung bei der Aufsicht und können wirksame Erziehungspraktiken fördern, insbesondere durch Beratung zur Verbesserung des allgemeinen Funktionierens der Familie. ■ Eltern können auch Hilfe von Experten auf dem Gebiet ADHS erhalten. Diese Fachkräfte können Unterstützung bei der Überwachung zu Hause bieten und Eltern zu Erziehungsstilen anleiten, die die Entwicklung ihrer Kinder fördern. Eltern sind die ersten Ansprechpartner für junge Menschen. Darüber hinaus sind sie die einzigen, die dieser Verpflichtung niemals entsagen können. Deshalb ist es wichtig, dass sie ihre Energie klug verwalten, damit sie jederzeit eingreifen können. Um dies zu erreichen, können und müssen sie alle Arten von Unterstützung in Anspruch nehmen, einschließlich Familie und Freunde, Gemeinschaftsorganisationen, Schulen, CLSCs, Fachkräfte in Privatpraxen usw. Wie bei jedem anderen Problem löst die Nachricht einer Diagnose einen gewissen Trauerprozess aus.

Zu den möglichen Maßnahmen zählen spezifische pädagogische Hilfsmittel, präventive Logopädie und gezielte Fein- und Grobmotorikübungen (Motoriktherapie) sowie viele weitere fachpädagogische Maßnahmen. Die Erfahrung zeigt, dass durch gezielte Förderung und regelmäßiges Training viele der für Kinder mit ADHS-Symptomen typischen Schwierigkeiten wie Vergesslichkeit, Flüchtigkeitsfehler oder Störungen im Unterricht gemindert werden können. Auch wenn individualisierter Unterricht zur Norm wird, scheint weiterhin Unsicherheit darüber zu bestehen, wie Verhaltensstörungen wie Aufmerksamkeitsprobleme, Hyperaktivität und Impulskontrolle bei Kindern im schulischen Umfeld behandelt werden sollen. Ein von der Stadt Zürich mit verschiedenen Schulen durchgeführtes Projekt zeigte, dass die Stressfaktoren von Schule zu Schule sehr unterschiedlich sind und es daher aus Sicht der Lehrkraft völlig unterschiedliche Bedürfnisse gibt. Daraus folgt, dass die Kenntnis der Symptome von ADHS und des Anspruchs jedes Kindes auf Hilfe nicht unbedingt zu einer medizinischen Diagnose führt. Stattdessen ist es angebracht, gemeinsam Verantwortung für Ihre Kinder und deren Wohlergehen zu übernehmen. Wenn die Gesundheitshilfe dennoch parallel eingreifen muss, gilt als allgemeine Regel, dass die bei jeder Behandlung zu berücksichtigenden Leiden, Schäden und Risiken die schädlichen Auswirkungen auf die Gesundheit, die durch das Ausbleiben der Behandlung verursacht werden, überwiegen müssen.

- Bieten Sie Bildung und Schulung an: Vermitteln Sie den Interessenträgern das Wissen und die Fähigkeiten, die zur Identifizierung und Bewertung von Risiken erforderlich sind. Bieten Sie Workshops oder Schulungen an, um potenzielle Gefahren zu erkennen und vorbeugende Maßnahmen umzusetzen.

Beziehen Sie Eltern und Erziehungsberechtigte in den Managementprozess ein.

Ziel ist es, Eltern zu unterstützen und ihnen beizubringen, wie sie mithilfe von Technologie die Überwachung ihrer Kinder erleichtern können. Die Intervention wurde auch in einem

69

schulischen Umfeld durchgeführt, wobei Lehrer an Schulungen zu Verhaltenskompetenzen teilnahmen und Unterstützung in Form von Besprechungen und Telefonanrufen erhielten sowie spezialisierte Lehrtechniker (TES) einen halben Tag lang in den Unterricht kamen, um eine Stärkung durchzuführen System jeden Tag für 12 Wochen. Darüber hinaus wurde eine direkte Intervention bei Kindern durchgeführt. Die Kinder nahmen an einem achtwöchigen Sommerprogramm teil, das neun Stunden am Tag dauerte und sich auf soziale Fähigkeiten, schulische Leistungen, Gehorsam und Selbstwirksamkeit konzentrierte. Die vierte Gruppe erhielt eine kombinierte Behandlung und erhielt die gleichen Medikamente wie die zweite Gruppe und eine ähnliche psychosoziale Behandlung wie die dritte Gruppe. Die erzielten Ergebnisse sprechen für sich. Medikamente allein und Kombinationstherapien reduzieren die primären ADHS-Symptome stärker als eine psychosoziale Behandlung oder eine ambulante Behandlung allein. Allerdings ist die Kombinationstherapie den anderen drei Behandlungen hinsichtlich der Verbesserung der Gesamtfunktionsfähigkeit von Kindern überlegen.

Zusammenfassend lässt sich sagen, dass die Einbindung von Stakeholdern (Eltern, Lehrer und Administratoren) bewusste Anstrengung, Empathie und Engagement für ein gemeinsames Ziel erfordert. Wenn diese Gruppen effektiv zusammenarbeiten, wird das Kindergartenerlebnis reicher und bedeutungsvoller, was letztendlich den Kindern im Mittelpunkt des Ganzen zugute kommt.

Schulung und Unterstützung tragen dazu bei, die Fähigkeiten und das Selbstvertrauen von Eltern und Gemeinschaften zu entwickeln, sich zu engagieren und einen Beitrag zur Partnerschaft zu leisten. Beispielsweise bietet das Eltern-Kind-Heimprogramm (PCHP) Hausbesuche und Bildungsmaterialien für einkommensschwache Familien an, schult und beschäftigt einheimische Eltern als Hausbesucher, um mit anderen zu interagieren und sie zu unterstützen.

Praktische Übungen zur Verbesserung der Konzentration und Reduzierung der Impulsivität

Bewegung fördert positives Verhalten, um Konzentrationsprobleme zu lösen. Dieses Tool erklärt einige gute und schlechte Verhaltensweisen, die Ihnen helfen können, aufmerksamer zu sein, und gibt Beispiele. Die Jugendlichen haben dann die Möglichkeit, ihre Handlungsfolgen mit den Referenten zu vervollständigen und können ihre Form als Erinnerungshilfe behalten. Mit dieser Suchübung lernen junge Menschen, eine Zeit lang nicht auf ein Ziel zu blicken. Wir werden versuchen, diese Zeitspanne durch Übung zu verlängern.

Kognitive Techniken

Nutzen Sie kognitive Techniken, um die Aufmerksamkeitsfähigkeit junger Menschen zu stimulieren. Selbstaufnahmen und akustische Hinweise können für junge Menschen interessante Möglichkeiten sein, selbst zu erkennen, ob sie aufmerksam sind oder nicht. Diese Techniken zwingen sie dazu, sich auf diesen Aspekt zu konzentrieren (selektive Aufmerksamkeit) und machen sie bewusster und dadurch besser in der Lage, sich zu verbessern. Sensorischer Input ■ Spielen Sie

Hintergrundmusik bei Aktivitäten, die mehr Aufmerksamkeit erfordern. Untersuchungen legen nahe, dass manche Kinder mit ADHS durch Musik stimuliert werden und besser lernen können. Tatsächlich wurde die Hypothese aufgestellt, dass der Rhythmus von Rockmusik die Erregung des zentralen Nervensystems steigert und Anspannung und allgemeine Unruhe reduzieren kann. Verwenden Sie Musik, um Ablenkungen zu überdecken.

Ablenkende Arbeitsumgebungen führen oft zu positiven Ergebnissen.

Diese Arbeit kann dem Kind auch helfen, geeignete Aufführungsmethoden und -techniken zu finden und seine Impulse zu kontrollieren. Kognitive Intervention zielt darauf ab, jungen Menschen zu ermöglichen, ihr Verhalten durch einen Prozess der Selbstkontrolle zu kontrollieren, der nicht auf der Außenwelt , sondern auf ihren eigenen Fähigkeiten beruht. Konkret können diese Selbstkontrollstrategien folgende Formen annehmen: Visuelle oder akustische Signale, die in Abständen von 10 bis 90 Sekunden ausgesendet werden und darauf abzielen, den Jugendlichen wieder in die Pflicht zu nehmen. Durch das Hören oder Sehen von Signalen können junge Menschen selbst erkennen, ob sie konzentriert oder abgelenkt sind. ■ Selbstaufzeichnung : Als Reaktion auf den Hinweis notiert der Jugendliche regelmäßig auf einem Blatt Papier, ob er oder sie sich auf die Aufgabe konzentriert. Diese Bewertung hat weder eine negative Konnotation noch ein bestimmtes zu erreichendes Ziel. Selbsteinschätzung: Jugendliche erfassen und bewerten die Richtigkeit, Wirksamkeit und Kompetenz ihres Handelns. ■ Selbstlernen: Jugendliche geben sich mündliche oder schriftliche

Anweisungen, um ihre Arbeit besser zu organisieren oder ihr Verhalten zu verbessern.

Kategorie	*Managementstrategien*	*Beschreibung*
Ausbildung	**Pädagogische Anpassungen**	- Zusätzliche Zeit zum Testen - Klare und prägnante Anweisungen - Teilen Sie Aufgaben in Schritte auf
	Individualisierter Unterricht	- Individuelle Nachhilfe - Reduzierte Arbeitsgruppen
	Einsatz von Bildungstechnologien	- Anwendungen und Software zum Lernen - Verwendung visueller Hilfsmittel
Umfeld	**Arbeitsbereichslayout**	- Schaffen Sie einen ruhigen und organisierten Arbeitsplatz - Reduzieren Sie visuelle und akustische Ablenkungen
	Strukturierte Routinen	- Legen Sie Tagesabläufe fest - Verwenden Sie visuelle Zeitpläne
	Verwendung visueller Erinnerungen	- Aufgabenlisten und Zeitpläne anzeigen - Verwenden Sie Farben und Symbole zur Erinnerung
Verhalten	**Positive Verstärkung**	- Angemessenes Verhalten belohnen - Nutzen Sie Punkte- und Belohnungssysteme

Therapie und Unterstützung	**Konsequenzenmanagement**	- Wenden Sie sofortige und verhältnismäßige Konsequenzen an - Legen Sie klare und einheitliche Regeln fest
	Entspannungstechniken	- Vermittlung von Atem- und Meditationstechniken - Ermutigen Sie zu regelmäßigen Pausen zum Entspannen
	Verhaltenstherapie	- Techniken zur Behandlung von ADHS-Symptomen - Regelmäßige Sitzungen mit einem Therapeuten
	Selbsthilfegruppen	- Nehmen Sie an Selbsthilfegruppen für Eltern und Kinder teil - Erfahrungen und Ratschläge austauschen
	Persönliches Coaching	- Spezialisiertes Coaching zur Entwicklung organisatorischer Fähigkeiten - Personalisierte Nachverfolgung
Gesundheit und Wohlbefinden	**Ausgewogene Ernährung**	- Fördern Sie eine gesunde und ausgewogene Ernährung - Begrenzen Sie zuckerhaltige und verarbeitete Lebensmittel
	Regelmäßige körperliche Aktivität	- Integrieren Sie körperliche Betätigung in den Alltag

	Schlafmanagement	- Fördern Sie aktive Sportarten und Spiele - Richten Sie eine regelmäßige Schlafenszeit ein - Sorgen Sie für eine ruhige und dunkle Schlafumgebung
Emotionen und soziale Beziehungen	Entwicklung sozialer Kompetenzen	- Vermittlung von Kommunikations- und Konfliktlösungsfähigkeiten - Fördern Sie positive Interaktionen
	Emotionale Unterstützung	- Bieten Sie ständige emotionale Unterstützung - Ermutigen Sie den Ausdruck von Emotionen und Gefühlen
Zeitmanagement	Planung und Organisation	- Verwenden Sie Tagebücher und Kalender - Helfen Sie dabei, Prioritäten und Zeitpläne festzulegen
	Zeitmanagement-Tools	- Verwenden Sie Timer und Alarme, um die Zeit zu strukturieren - Teilen Sie Aufgaben in überschaubare Zeiträume auf
Technologie	Zeit- und Aufgabenmanagement-Apps	- Verwenden Sie Apps, um Hausaufgaben und Termine zu verfolgen

Konzentrationshilfe-Software

- Automatische Benachrichtigungen und Erinnerungen
- Nutzen Sie digitale Tools, um Ablenkungen zu blockieren
- Meditations- und Entspannungs-Apps

Kapitel 7

Managementstrategien für Erwachsene mit Aufmerksamkeitsstörungen

Strategien zur Behandlung der Aufmerksamkeitsdefizitstörung bei Erwachsenen. Erfahren Sie mehr über die Herausforderungen, mit denen Erwachsene mit Aufmerksamkeitsdefizitstörung konfrontiert sind.

ADHS bei Erwachsenen ist nicht allgemein bekannt, obwohl es häufig vorkommt. Dies ist eine klinische Situation, die weiterhin kontrovers diskutiert wird. ADHS gilt als eine Erkrankung, die langfristig vor allem Kinder und Jugendliche betrifft, obwohl ihre Auswirkungen auch im Erwachsenenalter oft deutlich spürbar sind.

Das Aufmerksamkeitsdefizitsyndrom (ADHS) bei Erwachsenen mit oder ohne Hyperaktivität ist eine häufige neurologische Entwicklungsstörung, von der 2 bis 4 % der erwachsenen Bevölkerung betroffen sind. Eine Erstdiagnose im Erwachsenenalter ist typisch, obwohl sich ADHS meist im Kindesalter manifestiert , aber unbemerkt oder unbehandelt bleibt. ADHS geht bei Erwachsenen oft mit einer

Vielzahl anderer Erkrankungen einher. Ganz oben auf der Liste stehen Angststörungen, Stimmungsstörungen, Persönlichkeitsstörungen, Suchtverhalten und Substanzstörungen, wobei auch Schlafstörungen eine Rolle spielen. Die Auswirkungen sind vielfältig: Sie können den akademischen oder beruflichen Erfolg beeinträchtigen und die sozialen oder familiären Beziehungen belasten zu den Folgen, die mit Komorbiditäten verbunden sind. Obwohl die Auswirkungen tief in verschiedenen Aspekten des Lebens eines Menschen verankert sind, ruht die Erkennung und Behandlung von ADHS bei Erwachsenen auf wackeligen Grundlagen; umgeben von Kontroversen als ein Thema, das noch nicht seinen Platz unter der Sonne gefunden hat.

Aufmerksamkeitsdefizit-/Hyperaktivitätsstörung, kurz ADHS. Es handelt sich um eine neurologische Entwicklungskrankheit, die keinen Altersunterschied macht: Sie betrifft sowohl Kinder als auch Erwachsene. Menschen mit ADHS haben Schwierigkeiten, sich zu konzentrieren und ihr Verhalten zu kontrollieren; Diese Störung führt dazu, dass Sie zu aktiv oder unruhig werden. ADHS-Symptome können Ihr tägliches Leben stören, sei es in der Schule oder am Arbeitsplatz, und sogar Ihre Beziehungen beeinträchtigen. Für ADHS gibt es kein magisches Heilmittel . Die Behandlung erfordert jedoch abwechselnde Medikamente, Therapien und Änderungen des Lebensstils. Wenn auch nur der Hauch von Zweifel an Ihnen oder einem geliebten Menschen mit ADHS besteht, suchen Sie professionelle Hilfe, ohne zu zögern; Eine genaue Diagnose ebnet den Weg für einen wirksamen Behandlungsplan.

Hier sind einige Strategien für personalisiertes Zeitmanagement.

Fristen und Arbeitsaufwand können stark durch Zeitmanagement und Organisation beeinflusst werden. Dies führt dazu, dass die Einreichungsfristen für Projekte immer wieder versäumt werden, was dazu führen kann, dass sich Einzelpersonen überlastet fühlen, was aufgrund dieser Verzögerungen zu erhöhtem Stress und Ängsten am Arbeitsplatz sowie zu dem Gefühl führt, dass sie den Arbeitsanforderungen aufgrund anderer Verantwortlichkeiten nicht nachkommen können. Darüber hinaus können emotionale Probleme dazu führen, dass man nicht in der Lage ist, Kritik oder Feedback anzunehmen, was eine berufliche oder persönliche Weiterentwicklung einer Person verhindert.

Schwierigkeiten entstehen oft, wenn eine Person nicht in der Lage ist, ihre Aktivitäten zu planen und Prioritäten zu setzen; nicht in der Lage, Fristen einzuhalten und die Zeit effektiv zu verwalten. Diese Probleme können zu einem ständigen Gefühl der Überforderung und des ständigen Stresses führen; Routineaufgaben und langfristige Verpflichtungen können unerfüllbar erscheinen.

Bekämpfen Sie das Aufschieben (Aufschieben der Arbeit auf einen späteren Zeitpunkt oder die letzte Minute), da dies zu Frustration und Schuldgefühlen führt. Dieses Verhalten kann jedoch schrittweise geändert werden, indem bestimmte Organisations- und Planungsstrategien angewendet werden, beispielsweise ein Tagebuch, To-Do-Listen oder die Verwendung der Pomodoro- Technik . Um die Konzentration und Arbeitsleistung deutlich zu verbessern, müssen Sie eine strukturierte Umgebung schaffen.

Bauen Sie Regelmäßigkeit auf: Mit einer konsistenten Routine können Sie gute Arbeitsgewohnheiten entwickeln und Ihre Produktivität steigern. Dies kann bedeuten, dass Sie bestimmte Zeiten am Tag für bestimmte Arbeiten festlegen oder kleine Pausen einlegen, um sich zu entspannen und neue Energie zu tanken.

Organisieren Sie Ihren Tagesablauf entsprechend dem Tempo Ihrer Arbeit: Erledigen Sie beispielsweise Aufgaben, die viel Ihrer Aufmerksamkeit erfordern, zu Zeiten, in denen Sie am effizientesten sind. Entspannen Sie sich abends oder erledigen Sie Aufgaben mit geringer Konzentration. Es gibt eine Standardmethode für die Gestaltung Ihres Tages.

Das ideale Umfeld, sei es im Privatleben oder im beruflichen Bereich, ist entscheidend, um Symptome zu lindern und das Wachstum zu fördern. Kleine Anpassungen wie ein aufgeräumter Arbeitsplatz oder die Einrichtung eines routinemäßigen Ortes für tägliche Aktivitäten können Ihre Konzentration und Produktivität stark beeinträchtigen.

Erwägen Sie den Einsatz von Technologie zur Organisation von Aufgaben. Nutzen Sie Organisationstools wie digitale Kalender und Mindmaps in Ihrer Routine. Sie können dazu beitragen, dass Sie allen Ihren Verpflichtungen nachkommen und gleichzeitig Ihre Arbeitsbelastung im Griff behalten und diese effektiver verwalten können. Eine Reihe von Erwachsenen stellen fest, dass diese Strategien ihre Fähigkeit zur Bewältigung täglicher Aufgaben und Verantwortlichkeiten, die Anzeichen für ADHS (Aufmerksamkeitsdefizit-Hyperaktivitätsstörung) sind, erheblich verbessern. Wenn wir die Symptome mit praktischen Techniken bekämpfen, haben wir bessere Chancen, trotz ADHS mit den Anforderungen des Lebens zurechtzukommen.

, wie wichtig es ist, geeignete organisatorische Instrumente zur Kontrolle der ADHS-Symptome und zur Verbesserung der Produktivität zu finden. Als Einzelperson müssen Sie einige Versuche durchführen, bevor Sie die besten Tools finden, die für Sie funktionieren. Letztendlich können jedoch mit Entschlossenheit und Unterstützung effektive Organisationsstrategien entwickelt werden.

Entwickeln Sie effektive Kommunikations- und Kollaborationstechniken.

Ein wichtiger Aspekt ist die Hilfe eines „Partners", mit dem Sie regelmäßig Gespräche führen können. Es sollte Ihnen auch dabei helfen, Ihre Hauptziele zu identifizieren, Ihren Weg zu deren

Erreichung zu verfolgen und Ihre Erfolge zu feiern. Dieser unterstützende Mensch, der Ihre Konzentration fördert, ist auf lange Sicht auch ein Akteur der Veränderung.

Schnelles Handeln trotz seiner Nachteile: Es erhöht das Fehlerrisiko, erschwert die Konzentration und führt zu einer ineffizienten Informationsverarbeitung. Dies sind einige der Gründe, warum Ihre Vorlesungsnotizen möglicherweise unvollständig sind, ganz zu schweigen davon, dass unordentliches Schreiben zu Rechtschreib- und Grammatikfehlern oder sogar zum Überspringen von Mathematikschritten führen kann, da auch das Zeitmanagement ein Problem ist. Während Bewertungen eine ständige Erinnerung an Prokrastination und Versäumnisse sind, die zu Verzögerungen (und manchmal auch zu Verschwendung) bei Ihrer Ausrüstung oder Arbeit führen, sollten Ihnen diese Situationen, in denen Eile tatsächlich zu Verschwendung führt, die Augen öffnen. Wenn der Ordner und der Arbeitsbereich in puncto Organisation nicht zusammenpassen , kann es sein, dass sie nicht richtig funktionieren, was dazu führen kann, dass andere Sie als unorganisiert, desinteressiert oder unmotiviert wahrnehmen.

Es ist wichtig zu beachten, dass diese Strategien täglich konsequent beibehalten werden müssen, da ein Stoppen häufig dazu führt, dass Schwierigkeiten erneut auftauchen. Bei diesen Strategien handelt es sich nicht um heilende, sondern um adaptive Strategien, die die Person nicht von ADHS befreien, sondern die Entwicklung ihres Potenzials durch die Steigerung ihrer Leistungsfähigkeit verbessern.

Zu den effektiven Strategien, die im Klassenzimmer umgesetzt werden, gehört es, den Schüler mit ADHS vorne in die Nähe des Lehrers zu setzen und ihn von weniger störenden Mitschülern umgeben zu lassen. • Stellen Sie sicher, dass die Anweisungen klar und leicht verständlich sind, indem Sie sie häufig wiederholen. Gehen Sie jeden Schritt durch, um sicherzustellen, dass Sie ihn verstanden haben, bevor Sie mit der Aufgabe beginnen. • Richten Sie ein subtiles Signal ein, das verwendet werden kann, um eine Person wieder anzusprechen, wenn sie während der Mission vom Kurs abweicht oder den Fokus verliert. • Motivieren Sie Lernende, die in der Schule dazu neigen, ihre Habseligkeiten (Tagebuch, Uhr, Tasche, Computer, wenn nötig) zu vergessen, zu verlegen oder durcheinander zu bringen, indem Sie die Gruppierung in einem einzigen dafür vorgesehenen Bereich fördern – idealerweise einem kompakten, benutzerfreundlichen Raum, einer ergonomischen Tasche .

Richtlinien für die Steuerung zwischenmenschlicher Beziehungen

Um Ihre Beziehungen aufrechtzuerhalten, ist es wichtig, dass Sie lernen, Frustration und Wut zu kontrollieren, da diese Emotionen schädlich sein können. Zu verstehen, wann man sich aus einer Situation zurückzieht, sich eine Auszeit gönnen oder einfach nur tief durchatmen sollte, sind einfache, aber wirksame Möglichkeiten, Konflikte zu reduzieren.

Die Einbeziehung von Fachkräften für psychische Gesundheit wie Therapeuten oder Beratern könnte bei der Überwindung von Beziehungsproblemen sehr hilfreich sein. Sie bieten Strategien für eine gute Kommunikation, Ratschläge zum Umgang mit Symptomen und können auch ein angenehmes Umfeld bieten, in dem Sie Ihre Gefühle und Sorgen frei mitteilen können.

Die Aufmerksamkeitsdefizit-/Hyperaktivitätsstörung kann sich auf Beziehungen und das Familienleben auswirken, fördert aber offene Kommunikation, Verständnis und gegenseitige Unterstützung , die alle dazu beitragen können, diese wesentlichen Verbindungen zu verbessern. Wenn Sie sich mit Ressourcen wie Familientherapie ausstatten und Teil einer Selbsthilfegruppe sind, erhalten Sie Werkzeuge, mit denen Sie Ihre Beziehungen zu Hause stärken und die einzigartigen Herausforderungen bewältigen können, mit denen Sie konfrontiert sind. Dies wiederum hilft dabei, die Dynamik innerhalb Ihrer Familie zu steuern und ein harmonisches Umfeld zu schaffen. Sie müssen diese Ressourcen für das Wohlergehen Ihrer Familien und für Ihr eigenes Wohlergehen nutzen.

Kategorie	*Managementstrategien*	*Beschreibung*

Organisation	**Verwendung von Zeitplänen und Tagebüchern**	- Verwenden Sie digitale oder Papierkalender - Planen Sie tägliche und wöchentliche Aufgaben
	To-Do-Listen	- Erstellen Sie tägliche To-Do-Listen und aktualisieren Sie diese regelmäßig - Priorisieren Sie wichtige Aufgaben
	Aufteilung der Aufgaben	- Teilen Sie große Aufgaben in kleinere, besser überschaubare Schritte auf
Arbeitsumfeld	**Arbeitsbereichslayout**	- Schaffen Sie einen organisierten, ablenkungsfreien Arbeitsplatz - Benutzen Sie Schließfächer und Aufbewahrungsboxen
	Mit Ablenkungen umgehen	- Verwenden Sie Kopfhörer mit leiser Musik oder weißem Rauschen - Beschränken Sie den Zugriff auf soziale

Technologie	**Zeitmanagementtechniken**	Netzwerke während der Arbeit - Verwenden Sie Timer für Arbeitssitzungen (z. B. Pomodoro- Technik) - Machen Sie regelmäßig Pausen
	Zeit- und Aufgabenmanagement- Apps	- Verwenden Sie Apps, um Aufgaben und Termine zu organisieren - Richten Sie Erinnerungen und Benachrichtigungen ein
	Ablenkungsblockierungssof tware	- Beschränken Sie den Zugriff auf ablenkende Websites während der Arbeitszeit mithilfe von Software
Gesundheit und Wohlbefinden	**Ausgewogene Ernährung**	- Achten Sie auf eine gesunde und ausgewogene Ernährung - Vermeiden Sie übermäßigen Zucker und Koffein

	Regelmäßige körperliche Aktivität	- Integrieren Sie körperliche Bewegung in den Alltag - Üben Sie Aktivitäten wie Yoga oder Meditation
	Schlafmanagement	- Richten Sie eine regelmäßige Schlafenszeit ein - Schaffen Sie eine schlaffördernde Umgebung (dunkler, ruhiger Raum)
Soziale Beziehungen	**Offene Kommunikation**	- Seien Sie ehrlich zu Ihren Lieben, wenn es um ADHS-Herausforderungen geht - Verwenden Sie durchsetzungsfähige Kommunikationstechniken
	Sozialhilfe	- Nehmen Sie an Selbsthilfegruppen für Erwachsene mit ADHS teil - Pflegen Sie positive und unterstützende Beziehungen

Emotionen und Stress	Techniken zur Stressbewältigung	- Üben Sie Entspannungstechniken wie tiefes Atmen und Meditation - Planen Sie entspannende Aktivitäten
	Verhaltenstherapie	- Konsultieren Sie einen auf ADHS spezialisierten Therapeuten, um Managementstrategien zu erlernen
Professionelles Leben	**Flexibilität bei der Arbeit**	- Besprechen Sie mögliche Regelungen mit dem Arbeitgeber (flexible Arbeitszeiten, Telearbeit). - Nutzen Sie Projektmanagement-Tools
	Entwicklung beruflicher Fähigkeiten	- Nehmen Sie an Schulungen teil, um Ihre Organisations- und Zeitmanagementfähigkeiten zu verbessern
Finanzen	**Budgetierung und Ausgabenverfolgung**	- Verwenden Sie Finanzmanagement-

		Apps, um Ausgaben zu verfolgen und ein Budget zu erstellen
	Einkaufsplanung	- Erstellen Sie Einkaufslisten und vermeiden Sie Impulskäufe
Selbstverwalt ung	**Entwicklung von Routinen**	- Legen Sie tägliche Routinen für Haushalts- und persönliche Aufgaben fest - Nutzen Sie Erinnerungen für wiederkehrende Aufgaben
	Coaching und Unterstützung	- Stellen Sie einen auf ADHS spezialisierten Coach ein, der Sie bei der Entwicklung personalisierter Strategien unterstützt

Kapitel 8

Therapeutische und medizinische Ansätze

Wirksame Behandlungen und medizinische Strategien zur Behandlung von Aufmerksamkeitsstörungen

Psychodynamische und humanistische Ansätze

Der humanistische Ansatz betont die Bedeutung einer auf Empathie basierenden therapeutischen Beziehung und konzentriert sich auf das, was während der Therapie passiert, und nicht auf vergangene Ereignisse. Therapeuten helfen Patienten dabei, ihre wahre Persönlichkeit, Motivationen und Wünsche zu entdecken. Die Therapie fördert die Offenheit, der Patient ist der Experte und der Therapeut fördert das Wachstum, sodass der Patient ein Gefühl für seinen Wert gewinnt und auf emotionaler Ebene verstanden wird. Durch diese Sitzungen kann der Therapeut ein tiefgreifendes Verständnis der Perspektive des Patienten erlangen.

Psychische Probleme entstehen, wenn Menschen auf Hindernisse für ihr persönliches Wachstum und ihren Erfolg stoßen. Das Konzept hinter dem humanistischen Ansatz besteht darin, dass

Menschen den freien Willen haben, so zu handeln und zu sein, wie sie sein möchten. Dies kann sich jedoch auf ihr Selbstbild auswirken, wenn sie versuchen, die Erwartungen anderer zu erfüllen. Es entstehen Unsicherheiten und sie vernachlässigen ihre Fähigkeiten, was zu unberechenbarem Verhalten führt. Dies geschieht beispielsweise, wenn ein Kind von einem Elternteil bedingt positive Aufmerksamkeit erhält; In dieser Hinsicht ist das Lob und die Zustimmung anderer an eine Bedingung geknüpft. Möglicherweise wächst er auf und sucht ständig nach der Zustimmung anderer.

Verhaltenstherapie zur Behandlung von Aufmerksamkeitsstörungen.

Neben pharmakologischen Interventionen spielen Verhaltens- und psychosoziale Therapien eine wichtige Rolle in der Gesamtbehandlung der Aufmerksamkeitsdefizit-/Hyperaktivitätsstörung (ADHS). Sie sind auf Verständnis, Empathie und positive Verstärkung angewiesen, um ein Umfeld zu schaffen, das dem Lernen und der Verbesserung sozialer und Verhaltenskompetenzen förderlich ist.

Die Behandlung von ADHS besteht zunächst in der psychotherapeutischen Betreuung des Kindes, aber auch der oft durch ihr eigenes Verhalten erschöpften und belasteten Eltern. In den schwerwiegendsten Fällen kann eine medikamentöse Behandlung in Betracht gezogen werden, jedoch nur bei Kindern über 6 Jahren und zusätzlich zur Psychotherapie. Diese Medikamente sind Situationen vorbehalten, in denen das Familien- und Schulleben ernsthaft gestört wird.

Diese Therapie kombiniert zwei psychologische Perspektiven bei der Behandlung der Krankheit: kognitive und verhaltensbezogene. Therapeuten helfen Patienten dabei, ihr Denken und Verhalten zu ändern, indem sie kognitive Verzerrungen und problematische Erkenntnisse untersuchen. Der kognitive Aspekt beinhaltet ein erhöhtes Bewusstsein für ungesunde Denkmuster und die Entwicklung positiverer Denkmuster. Der Verhaltensaspekt umfasst das Erlernen von Bewältigungsverhalten und gesunden Reaktionen auf Herausforderungen. Zu den Anwendungen der kognitiven Verhaltenstherapie (CBT) gehören Substanzmissbrauch, bipolare Störung, posttraumatische Belastungsstörung und Essstörungen.

Medizinische Behandlungen und Medikamente

Die Wahl zwischen Medikamenten und kognitiver Verhaltenstherapie hängt von persönlichen Vorlieben, Bedürfnissen und Umständen ab. Medikamente werden häufig bei schweren Symptomen empfohlen, die die tägliche Funktionsfähigkeit beeinträchtigen, während CBT für Menschen vorzuziehen sein kann, die nach nicht-medikamentösen Ansätzen suchen oder praktische Fähigkeiten zur Symptombewältigung erlernen möchten. In vielen Fällen funktioniert eine Kombination aus Medikamenten und kognitiver Verhaltenstherapie am besten, da sie eine sofortige Linderung der Symptome bewirkt und gleichzeitig langfristige Fähigkeiten aufbaut. Wir werden uns beide Modi genauer ansehen.

Die Behandlung von ADHS umfasst eine Kombination aus Medikamenten, Verhaltenstherapie und Änderungen des Lebensstils. Stimulierende Medikamente wie Methylphenidat und

Amphetamine werden häufig zur Verbesserung der Konzentration und Impulskontrolle eingesetzt. Für diejenigen, bei denen stimulanzienbedingte Nebenwirkungen auftreten, stehen auch nicht-stimulierende Optionen zur Verfügung. Verhaltenstherapien wie die kognitive Verhaltenstherapie (CBT) und Achtsamkeitsübungen ergänzen Medikamente, indem sie die Bewältigungsfähigkeiten verbessern. Gemeinsam zielen diese Ansätze darauf ab, das tägliche Funktionieren und die Lebensqualität von Menschen mit ADHS zu verbessern.

Die am häufigsten zur Behandlung von ADHS eingesetzten Medikamente wie Methylphenidat (Ritalin) und Amphetamine (Adderall) wirken, indem sie den Spiegel von Gehirnchemikalien wie Dopamin erhöhen, was zur Verbesserung der Konzentration und zur Verringerung von Impulsivität und Hyperaktivität beiträgt.

Alternative Behandlungen und Managementstrategien für Aufmerksamkeitsstörungen.

Die Erforschung alternativer und komplementärer Ansätze könnte das Behandlungsspektrum der Aufmerksamkeitsdefizit-/Hyperaktivitätsstörung (ADHS) bei Kindern bereichern. Diese Ansätze werden häufig in einen umfassenderen Behandlungsplan integriert, der sich zusätzlich zu herkömmlichen Behandlungen auf die allgemeine Gesundheit des Kindes konzentriert.

Strattera : Sehr lang wirkendes Medikament (24 Stunden). Es verbessert die Konzentration weniger wirksam als Stimulanzien, hat aber auch den Vorteil, Angstzustände zu behandeln. Schwieriger zu verabreichen als Stimulanzien, da ihre Wirkung erst nach 2 bis 4 Wochen sichtbar ist und ihr Absetzen eine schrittweise Reduzierung der Dosis über mehrere Wochen erfordert.

Wenn Sie an einer Aufmerksamkeitsdefizit-/Hyperaktivitätsstörung (ADHS) leiden, können Medikamente Teil Ihres Behandlungsplans sein, wenn Ihre Symptome Sie daran hindern, alltägliche Aufgaben wie Schule, Arbeit und Beziehungen zu erledigen. Ihr Arzt kann Medikamente empfehlen, nachdem er andere Optionen wie Behandlungen und Änderungen des Lebensstils ausprobiert hat, insbesondere wenn diese Methoden keine ausreichende Linderung bringen. Das Ziel besteht darin, Ihnen dabei zu helfen, Ihre Symptome besser in den Griff zu bekommen, damit Sie mehr Kontrolle haben und sich auf das konzentrieren können, was Ihnen am wichtigsten ist.

Die Bedeutung von Lebensstiländerungen bei der Behandlung von Aufmerksamkeitsstörungen.

Zu den Änderungen des Lebensstils zur Behandlung von ADHS gehören die Etablierung strukturierter Gewohnheiten und regelmäßige körperliche Aktivität. Auch Ernährungsumstellungen und Achtsamkeitsübungen spielen eine wichtige Rolle bei der Symptombewältigung.

Die Etablierung eines einheitlichen Tagesablaufs ist bei der Behandlung von ADHS von entscheidender Bedeutung. Dies hilft, Vergesslichkeit zu reduzieren und die Konzentration zu verbessern. Die Verwendung von Tools wie Kalendern oder digitalen Apps kann die Zeitmanagementfähigkeiten verbessern, und die Organisation Ihres Tages kann Ihr Leben organisierter machen und den mit ADHS verbundenen Stress reduzieren. Strukturierte tägliche Aktivitäten und eine organisierte Umgebung können ADHS-Symptome erheblich lindern und die täglichen Aufgaben leichter bewältigen.

Es ist sehr einfach, Lebensgewohnheiten zu akzeptieren und sich daran anzupassen. Da ADHS chronisch ist, müssen täglich Anpassungen vorgenommen werden. Beim Tragen einer Brille geht es nicht nur darum, zu wissen, wo sie sich befindet, Sie müssen auch sicherstellen, dass Sie sie tragen. Routinen und Anpassungen zu etablieren und aufrechtzuerhalten ist eine tägliche Herausforderung. Menschen mit ADHS haben häufiger als die Allgemeinbevölkerung Schwierigkeiten, eine Aufgabe zu beginnen, haben aber auch Schwierigkeiten, die für die Erledigung von Aufgaben erforderliche geistige Anstrengung aufrechtzuerhalten. Dies kann Lehrer und ihre Mitmenschen verwirren und den Eindruck erwecken, es mangele ihnen an Motivation oder Interesse.

Kategorie	Ansatz	Beschreibung
Verhaltenstherapie	**Kognitive Verhaltenstherapie (CBT)**	- Hilft, negative Gedankenmuster zu ändern - Vermittelt Techniken zum Emotions- und Verhaltensmanagement - Wird für Erwachsene und Kinder verwendet
	Kognitive Sanierungstherapie	- Verbessert exekutive Funktionen wie Arbeitsgedächtnis und Aufmerksamkeit - Verwendet kognitive Übungen und Spiele

	Verhaltensinterventionen im schulischen Umfeld	- Von Lehrern eingeführte Strategien zur Verhaltenssteuerung - Belohnungs- und positive Verstärkungssysteme
	Training sozialer Kompetenzen	- Vermittelt soziale und kommunikative Fähigkeiten - Verwendet Rollenspiele und Gruppenaktivitäten
Familientherapie	**Systemische Familientherapie**	- Hilft Familien, ADHS zu verstehen und zu bewältigen - Verbessert die Kommunikation und Familiendynamik
	Familienpsychoedukation	- Aufklärung der Familien über ADHS und seine Auswirkungen - Bietet Management- und Supportstrategien
	Nahrungsergänzungsmittel und Diätetik	- Omega-3, Zink, Eisen, Magnesium - Einige Studien zeigen mögliche Vorteile für die Symptombehandlung
Alternative Therapie	**Neurofeedback**	- Trainiert das Gehirn, um die mit der Konzentration verbundenen Gehirnwellen zu verbessern - Verwendet Feedback-Geräte
	Ernährungstherapien	- Ernährungsbewertungen und -modifikationen - Verzicht auf bestimmte Lebensmittel, die die Symptome verschlimmern können
	Meditation und Achtsamkeit	- Achtsamkeitstechniken zur Verbesserung der

		Konzentration und zum Stressabbau - Verwendet Meditation und Atemübungen
Pädagogische Unterstützung	**Frühförderung und Fachpädagogik**	- Individualisierte Bildungspläne (IEPs) für Kinder - Anpassungen der Schule an spezifische Bedürfnisse
	Coaching-Programme für Erwachsene	- Hilft bei der Entwicklung von Organisations- und Zeitmanagementfähigkeiten - Bietet persönliche Unterstützung und praktische Strategien
Beschäftigungstherapie	**Beschäftigungstherapie**	- Trägt zur Verbesserung der Alltagsfähigkeiten und der Unabhängigkeit bei - Nutzt therapeutische Aktivitäten zur Stärkung der funktionellen Fähigkeiten
Technologie und Anwendungen	**ADHS-Management-Apps**	- Mobile Apps zum Verwalten von Aufgaben, Erinnerungen und Routinen - Digitale Tools zur Unterstützung von Organisation und Konzentration

Kapitel 9

Schaffen Sie ein günstiges Umfeld

Schaffen Sie ein unterstützendes Umfeld für Menschen mit Aufmerksamkeitsstörungen

Organisieren Sie den Arbeitsbereich, um Ablenkungen zu minimieren

Es ist wichtig, visuelle Ablenkungen zu beseitigen. Sie beeinträchtigen die Aufmerksamkeit und berauben die Mitarbeiter somit ihrer eigenen visuellen Privatsphäre, was sich letztlich negativ auf ihre Konzentrationsfähigkeit auswirkt. Die Idee hinter diesem Konzept besteht darin, sicherzustellen, dass sich jeder Mitarbeiter an seinem Arbeitsplatz wohlfühlt und während der gesamten Arbeitssitzung frei von jeglicher Ablenkung ist. Eine geeignete visuelle Umgebung kann die Produktivität erheblich steigern, insbesondere für Mitarbeiter, die leicht abgelenkt werden könnten.

Der Abstimmungsbildschirm ist ein visuelles, ablenkungsfreies Tool, das jungen Menschen helfen kann, sich über einen längeren Zeitraum auf ihre Aufgaben zu konzentrieren. Es gibt verschiedene Möglichkeiten, ihm zu helfen, sich auf seine Hausaufgaben zu konzentrieren; Bewegen Sie das Kind von der Tür und dem Fenster weg, setzen Sie es zu ruhigen Schülern und räumen Sie seinen Arbeitsplatz von unnötigen Gegenständen frei. Bestehen Sie auf Aufmerksamkeit, indem Sie ihn während der Arbeitszeit belohnen, um ihn zu motivieren. Verwenden Sie Piktogramme (anhalten, schauen, zuhören) als Anhaltspunkte dafür, wie empfänglich Kinder bei Erklärungen sein sollten. Sanfte Melodien können ein Gefühl der Ruhe fördern und Menschen sanft zu friedlichen Gewässern führen, wenn sie sich verschiedenen Aktivitäten oder Zeiträumen widmen. ■ Schaffen Sie eine ruhige Atmosphäre, indem Sie die Verwendung eines tragbaren Musikplayers bei persönlichen Arbeiten wie Hausaufgaben ermöglichen.

Strategien für ein passendes Schulumfeld: Ergreifen Sie einfache Maßnahmen, die Ihre Konzentration während der Lernzeit fördern.

Bedenken Sie, dass die Entwicklung einer fördernden Umgebung nicht universell ist. Dies erfordert eine kontinuierliche

Selbstbeobachtung, Anpassung und Zusammenarbeit zwischen Lehrern, Schülern und der Umwelt. Wenn wir uns auf das Wohlbefinden konzentrieren und konstruktive Verbindungen pflegen, ebnen wir den Weg für wertvolle Bildungserfahrungen.

In einem ermutigenden Umfeld gedeiht effektive Bildung. Es umfasst die physischen, emotionalen und sozialen Dimensionen, die sich direkt auf Lernende, Lehrer und den gesamten Bildungskontext auswirken. Betrachten wir nun dieses vielschichtige Konzept auf unterschiedliche Weise:

■ Akademische Leistungen auf dem neuesten Stand ■ Integration in die Dynamik der Peer-Gruppe, aber unter den wachsamen Augen des Personals, um ein sicheres Umfeld zu gewährleisten ■ Die Qualität der Beziehungen zu Lehrern, einschließlich der Art und Weise, wie die Kommunikation zwischen Lehrern, Lehrern und Eltern verwaltet wird ■ Ein Zugehörigkeitsgefühl schaffen die Schulgemeinschaft und würdigen die Bemühungen der Schüler. ■ Determinanten der finanziellen Unterstützung: für Familien, die aus unterschiedlichen Gründen Unterstützung benötigen. Interventionen mit Kindern finden wöchentlich statt und konzentrieren sich auf soziale Fähigkeiten, Selbstkontrolle und Konfliktlösung, entweder durch Gruppenaktivitäten oder Einzelsitzungen; Auch in Behandlung befindliche Menschen profitieren von regelmäßigen Vorsorgeuntersuchungen. Auch die Eltern kommen nicht zu kurz: Bei Gruppentreffen entwickeln sie ihre Erziehungskompetenz weiter , werden über das Problem informiert und erhalten neben der Krisenintervention auch individuelle Unterstützung.

Interventionen der Lehrkräfte: Lehrkräfte erhalten Unterstützung in den Bereichen Lernen und Verhaltensmanagement, einschließlich Schulungen zur Umsetzung von Selbstregulierungs- und Konfliktlösungsstrategien im Unterrichtsumfeld. Lehrer werden außerdem dazu ermutigt, bei der Lösung von Verhaltensmanagementproblemen zusammenzuarbeiten und gleichzeitig nach Ansätzen zu suchen, die die Aufmerksamkeit und Selbstdisziplin der Schüler verbessern. Die ADHS-Prävention ist vielfältig und kann unterschiedlichen Bedürfnissen gerecht werden.

Informieren Sie andere über Aufmerksamkeitsstörungen.

Neben den oben genannten gibt es noch weitere kognitive Störungen. Sie können besonders bei jungen Menschen stark psychopathologisch sein, wenn sie als Symptom einer Aufmerksamkeitsdefizitstörung auftreten; Weitere Faktoren könnten zerebrovaskuläre Probleme oder degenerative

Erkrankungen wie die Alzheimer-Krankheit sein. Berücksichtigen Sie auch die Einnahme von Medikamenten wie Antihistaminika oder speziellen Mitteln gegen Erkältungen sowie Anxiolytika oder Neuroleptika.

Nehmen Sie an Übungen teil, die die Konzentration und Aufmerksamkeit verbessern, indem Sie dem Kind beispielsweise eine Aufgabe zuweisen, die seine volle Konzentration erfordert, etwa Lesen oder eine andere Aktivität, bei der es Schwierigkeiten hat, sich zu konzentrieren. Beginnen Sie mit einer kurzen Aufgabe und geben Sie an, wie lange es dauert, sie zu erledigen. Wenn das Kind von der Aufgabe abweicht, pausieren Sie die Zeit, bis es fortfährt. Der endgültige Zeitpunkt spiegelt die tatsächlich in die Aufgabe selbst investierte Zeit wider; Ebenso kann die Bewertung von Korrekturen an der Arbeit oder Fragen, die nach der Lektüre gestellt werden, einen Indikator für den Erfolg sein. Setzen Sie sich während der Aufgaben Ziele, um die Herausforderung und Motivation zu steigern . Viele junge Menschen mit Defizitstörungen haben mit organisatorischen Schwierigkeiten zu kämpfen. Diese Herausforderungen manifestieren sich sowohl kognitiv als auch ökologisch in ihrer Umgebung.

Menschen, bei denen eine Aufmerksamkeitsdefizit-Hyperaktivitätsstörung (ADHS) diagnostiziert wurde, haben oft

Schwierigkeiten, konzentriert zu bleiben, weil sie sich leicht ablenken lassen, was es schwierig macht, Aufgaben zu bewältigen.

Es gibt jedoch Strategien, die in der Umgebung angewendet werden können, um diese Ablenkungen erheblich zu reduzieren und die Fähigkeit Erwachsener zu verbessern, bei der Bewältigung von Aufgaben konzentriert zu bleiben. Dazu gehört die Verwendung visueller Hinweise und Notizen als Erinnerung an bevorstehende Aktivitäten oder Fristen; Machen Sie sich außerdem zu jedem Schritt einer Aufgabe Notizen, um bei einer Unterbrechung nicht den Überblick zu verlieren. Außerdem ist es notwendig, klare Prioritäten und Fristen für die täglichen Aufgaben festzulegen; um die Zeitverschwendung für weniger wichtige Aufgaben zu minimieren, wenn nicht alle Aufgaben an einem Tag erledigt werden können. Der Einsatz dieser Techniken hilft dabei, Aufgaben zu erledigen und die Lebensqualität sowie die psychische Gesundheit von Erwachsenen mit ADHS zu verbessern.

Fördern Sie ein Umfeld, das Positivität und Inklusivität fördert.

Um Inklusion zu erreichen, ist es wichtig, ein Umfeld zu schaffen, in dem sich jeder wohlfühlt, seine Ideen und Perspektiven zu teilen. Jeder sollte ermutigt werden, an Besprechungen teilzunehmen. Dies erfordert die Schaffung sicherer Räume für offene und freie Diskussionen. Es ist wichtig, dass wir die Vielfalt der Meinungen und Erfahrungen schätzen und die Zusammenarbeit zwischen Teammitgliedern fördern, die ermutigt werden, gemeinsam auf gemeinsame Ziele hinzuarbeiten. Offene Kommunikation und Transparenz spielen daher eine wichtige Rolle, um Vertrauen und gegenseitigen Respekt im Team zu gewährleisten und ein Klima zu schaffen, in dem diese Aspekte gedeihen.

Die Schaffung eines unterstützenden Umfelds ist eigentlich eine Doppelaufgabe. Erstens geht es dabei um die bewusste Förderung einer integrativen Atmosphäre, in der alle Lernenden wertgeschätzt werden. Dies kann durch die Förderung von Respekt und Empathie unter den Lernenden sowie durch die Förderung einer offenen Kommunikation zwischen Lernenden und Lehrenden erreicht werden.

Zusammenfassend lässt sich sagen, dass Menschen, die sich für ihren Wert anerkannt, verstanden und respektiert fühlen, aktiv zu einer florierenden „Gesundheitsgemeinschaft" beitragen. Die Idee, solche Räume für die Entwicklung aller zu schaffen, wird daher mit der festen Entschlossenheit verteidigt, sie bis zum Ende durchzuhalten.

Um ein Arbeitsumfeld zu schaffen, das für alle integrativ und freundlich ist, besteht der erste Schritt darin, Sprachstörungen zu erkennen. Die zweite besteht darin, die Mythen zu entlarven und denjenigen, die unter diesen Störungen leiden, unsere volle Unterstützung zu zeigen. Durch die Einführung unterschiedlicher Kommunikationsstile sind Unternehmen in der Lage, die verborgenen Talente und Fähigkeiten jedes Mitarbeiters zu nutzen. Dies trägt dazu bei, einen kreativeren und innovativeren Arbeitsplatz für alle zu schaffen.

Um eine allgemeine Atmosphäre am Arbeitsplatz zu schaffen, können einige vorbereitende Maßnahmen ergriffen werden. Die Aufklärung des Personals über Diversität und Inklusion könnte ganz oben auf der Liste stehen. Warum nicht Schulungsprogramme zu unbewusster Voreingenommenheit oder Diskriminierung organisieren ? Es ist eine bereichernde Erfahrung, die sicherstellt, dass jeder seine Rolle versteht und sich für Aufgeschlossenheit und Respekt für die Einzigartigkeit jedes Einzelnen einsetzt. Eine solche Schulung könnte problemlos in den Onboarding-Prozess für neue Mitarbeiter integriert werden und von Anfang an eine klare Botschaft vermitteln, dass von jedem Mitarbeiter erwartet wird, dass er Inklusion in die Unternehmenskultur einbettet.

Tipps für bessere Beziehungen zu Ihren Familienmitgliedern:

Das Einrichten ruhiger Ecken im Haus kann Kindern die Möglichkeit geben, zu entfliehen und ihre Gefühle zu beruhigen, wenn sie überlastet sind. Eine Möglichkeit, diese Strategien regelmäßig und einfühlsam anzugehen: Betreuer, die Kindern mit Autismus helfen, lernen, wesentliche Fähigkeiten zu entwickeln, um ihre Emotionen zu kontrollieren und schwierige Situationen leichter und belastbarer zu meistern.

Lassen Sie nicht zu, dass die Störung Ihres Kindes die gesamte Familiendynamik bestimmt. Vermeiden Sie es, auf völlige Stille im Haus zu bestehen, während er seine Hausaufgaben macht, oder ihn daran zu hindern, gesellschaftliche Aktivitäten wie einen Restaurantbesuch oder einen Besuch bei Freunden zu unternehmen. Ebenso wichtig ist es, sicherzustellen, dass Ihre anderen Kinder nicht vernachlässigt werden, wenn ihre eigenen Bedürfnisse lebenswichtig sind . Übermäßige Aufmerksamkeit für ein Kind aufgrund seiner Störung kann bei dem Kind mit ADHS ein Gefühl der Allmacht hervorrufen und bei anderen zum Gefühl der Isolation beitragen.

Regelmäßigkeit herzustellen und diese zu respektieren, kann beim Partner ein Gefühl der Stabilität erzeugen; Dies wird Ihnen mit der Zeit dabei helfen, nicht bis ins Innerste vor unerwarteten Belastungen zu zittern. Merken Sie sich das selbst; Lassen Sie die Kinder ihrer Routine nachgehen und fragen Sie sie, wie Sie sie unterstützen können.

Kategorie	Strategien	Beschreibung
Ausbildung	**Lehrertraining**	- Schulen Sie Lehrer in ADHS-Managementstrategien
	Individualisierte Bildungspläne (IEPs)	- Entwickeln Sie personalisierte Pläne, um den Bildungsbedürfnissen der Schüler gerecht zu werden
	Verwendung visueller Hilfsmittel	- Zeigen Sie Zeitpläne, Aufgabenlisten und visuelle Anweisungen im Klassenzimmer an
Arbeitsumfeld	**Arbeitsbereichslayout**	- Schaffen Sie einen ruhigen, ablenkungsfreien Arbeitsplatz
	Entwicklung strukturierter Routinen	- Etablieren Sie tägliche Routinen, um die

		Organisation zu verbessern
	Zeitmanagement-Tools	- Verwenden Sie Timer, Alarme und Kalender, um die Zeit zu strukturieren
Heim	**Einen ruhigen Raum für die Hausaufgaben schaffen**	- Schaffen Sie einen ruhigen und organisierten Ort für Schulaufgaben und Hausaufgaben
	Konsistente Familienroutinen	- Legen Sie regelmäßige Zeitpläne für Mahlzeiten, Schlafenszeit und Familienaktivitäten fest
	Verwendung von Checklisten	- Verwenden Sie Listen, um Hausarbeiten und Verantwortlichkeiten zu verfolgen
Gesundheit und Wohlbefinden	**Ausgewogene Ernährung**	- Achten Sie auf eine gesunde und ausgewogene Ernährung
	Regelmäßige körperliche Bewegung	- Integrieren Sie körperliche Aktivitäten in den Alltag

	Schlafmanagement	- Richten Sie eine regelmäßige Schlafenszeit ein und sorgen Sie für eine schlaffördernde Umgebung
Technologie	**Aufgaben- und Zeitmanagement-Apps**	- Verwenden Sie mobile Apps, um Aufgaben und Erinnerungen zu organisieren
	Ablenkungsblockierungssoftware	- Beschränken Sie den Zugriff auf ablenkende Websites während der Arbeit mithilfe von Software
Soziale und emotionale Unterstützung	**Selbsthilfegruppen**	- Nehmen Sie an Selbsthilfegruppen teil, um Erfahrungen und Strategien auszutauschen
	Therapie und Beratung	- Konsultieren Sie Therapeuten für emotionale Unterstützung und Techniken zur Symptombehandlung

Schulumgebung	**Anpassungen im Klassenzimmer**	- Sorgen Sie für zusätzliche Testzeit und häufige Pausen
	Förderung der aktiven Teilnahme	- Ermutigen Sie die Schüler, Fragen zu stellen und sich aktiv an Diskussionen zu beteiligen
	Positive Verstärkung	- Nutzen Sie Belohnungssysteme, um positives Verhalten zu fördern
Professionelles Leben	**Vereinbarung der Arbeitszeiten**	- Besprechen Sie mit dem Arbeitgeber die Möglichkeiten flexibler Arbeitszeiten oder Telearbeit
	Einsatz von Projektmanagement-Tools	- Nutzen Sie digitale Tools, um Projekte und berufliche Aufgaben zu organisieren
Selbstverwaltung	**Persönliches Coaching**	- Stellen Sie einen auf ADHS-Management spezialisierten Coach ein, der Sie bei der Entwicklung personalisierter Strategien unterstützt

| | Entwicklung organisatorischer Fähigkeiten | - Nehmen Sie an Schulungen teil, um Ihre Organisations- und Zeitmanagementfähigkeiten zu verbessern |
| *Unterstützende Technologien* | Einsatz unterstützender Technologietools | - Nutzen Sie Software und Geräte zur Unterstützung von Konzentration und Organisation |

111

Kapitel 10

Ressourcen und Support

Denken Sie daran, dass die Bedürfnisse jeder Person einzigartig sind und die bereitgestellten Unterstützungsdienste von Hochschule zu Hochschule unterschiedlich sein können. Im Allgemeinen erfolgt die Unterstützung jedoch über Online-Plattformen für neue Lernende. Eine wirksame Koordinierung dieser Dienste beruht auf offener Kommunikation und einer proaktiven Haltung, um diese Bedürfnisse zu erkennen und darauf zu reagieren: die wesentlichen Punkte, die es zu berücksichtigen gilt.

Textnachrichten, E-Mails, das Internet oder elektronische Spiele können Sie ablenken (ebenso wie soziale Netzwerke). Es gibt mehrere Möglichkeiten, mit diesen Ablenkungen umzugehen: Zeigen Sie einen Zeitplan Ihrer Verfügbarkeit an, damit Ihre Kollegen wissen, wann sie Sie nicht stören dürfen; Erstellen Sie eine Aufgabenliste basierend auf Prioritäten und überprüfen Sie diese täglich, indem Sie Erinnerungsnotizen an gut sichtbaren Stellen platzieren. Halten Sie relevante Elemente mithilfe des

OHIO-Prinzips (Nur) zusammen und leicht zugänglich Handle It Once) für den Papierkram. Das bedeutet, dass Sie alle Stapel von „zu erledigenden" oder „abzuordnenden" Dokumenten eliminieren und jedes Dokument nur einmal bearbeiten müssen. Dazu gehört das Öffnen der Post, wenn Sie zum Sortieren bereit sind, das sofortige Nachverfolgen aller erforderlichen Maßnahmen (z. B. das Bezahlen von Rechnungen) und das anschließende sofortige Ablegen der Dokumente. Organisieren Sie den Papierkram, sortieren Sie umsetzbare Dokumente von denen, die auf Maßnahmen warten, und vermeiden Sie, dass mehr als zwei Ablagen/Stapel gleichzeitig vorhanden sind, nachdem Sie entsprechende Folgemaßnahmen eingeleitet haben. Spontane Einkäufe zu tätigen oder sich nicht daran zu erinnern, wann Ihre Rechnungen fällig sind, wird Ihnen nie zugute kommen. Eine schlechte Verwaltung Ihrer Finanzen kann schädliche Auswirkungen auf der persönlichen Ebene, aber auch innerhalb von Beziehungen, insbesondere als Paar, haben. Übernehmen Sie die Kontrolle über Ihre Ausgaben: Erstellen Sie einen Budgetplan und stellen Sie sicher, dass dieser strikt eingehalten wird (erwägen Sie den Einsatz einer Budgetverwaltungssoftware). Es ist wichtig, sich daran zu erinnern, wer Geld ausgibt oder spart, offen über Finanzangelegenheiten zu kommunizieren und gemeinsam auf gemeinsame Ziele hinzuarbeiten.

Es gibt Einheiten, die auf Aufmerksamkeitsstörungen und ähnliche Gruppen spezialisiert sind.

Studierende, die an einer Aufmerksamkeitsdefizitstörung leiden, stoßen oft auf Hindernisse, die ihren akademischen Fortschritt behindern, wie z. B. Schwierigkeiten, sich über längere Zeiträume zu konzentrieren oder Aufgaben effektiv zu organisieren. Um diesen Herausforderungen zu begegnen, sind pädagogische Anpassungen notwendig. Beispielsweise kann die Anpassung eines Lehrplans, der auf die individuellen Stärken und Interessen eingeht, das Engagement der Studierenden erheblich verbessern und zum akademischen Erfolg führen.

Es soll für Menschen mit ADS/ADHS (Aufmerksamkeitsdefizit-Hyperaktivitätsstörung) und Erwachsene, die darunter leiden, sowie deren Familien, Arbeitgeber und Gesundheitsdienstleister entwickelt werden. Es ist ein Befreier von der Angst, Scham und Stigmatisierung, die mit dieser Störung einhergehen, die größtenteils falsch verstanden und oft falsch diagnostiziert wird. Durch Bildung, Humor und soziale Kontakte wird ein Umfeld geschaffen, in dem Einzelpersonen die Werkzeuge und Unterstützung erhalten, um ein Leben zu führen, das sie lieben.

Dieses Gerät wurde für Erwachsene mit Aufmerksamkeitsdefizit-Hyperaktivitätsstörung (ADS/ADHS) und die Menschen in ihrer Umgebung (Familie, Arbeitgeber, medizinisches Fachpersonal usw.) entwickelt und befreit Sie von Angst, Scham und Stigmatisierung, die mit dieser oft falsch interpretierten Krankheit einhergehen.

115

So finden Sie einen spezialisierten Therapeuten oder Berater

Wenn ADHS diagnostiziert wird, ist es wichtig, einen Arzt zu konsultieren, der Sie über die verschiedenen Behandlungsmöglichkeiten beraten kann, die für Ihre spezielle Situation am besten geeignet sind. Der Trick besteht darin, einen Ansatz zu finden, der in erster Linie darauf abzielt, Ihre Bedürfnisse oder die Ihres Kindes zu erfüllen und es Ihnen ermöglicht, die Symptome unter Kontrolle zu bringen und gleichzeitig ein produktives Leben zu führen, indem Sie auf andere Aspekte achten, wie z. B. Zufriedenheit und Ausgeglichenheit finden.

Suchen Sie professionelle Hilfe. Wenn die Arbeit immer noch schwer zu fassen ist und Sie an einem Punkt feststecken, an dem Sie keine gute Arbeitsstrategie mehr herausholen kann, sollten Sie darüber nachdenken, professionelle Hilfe in Anspruch zu nehmen. Ein Therapeut oder Coach mit Erfahrung in der Arbeit mit Menschen mit ADHS kann Ihnen zusätzliche Techniken und Unterstützung bieten, die Ihnen helfen, Ihre Symptome zu kontrollieren und Ihre Produktivität zu steigern.

Denken Sie daran, dass Sie in der Elternrolle auf der gleichen Ebene wie sie stehen und nicht über ihnen stehen. Wenn Ihr Angehöriger keine ordnungsgemäße Diagnose erhalten hat und keinen Experten für psychische Gesundheit aufsucht, sollten Sie ihm empfehlen, eine ordnungsgemäße Diagnose einzuholen. Nehmen Sie jedoch eher eine unterstützende als eine autoritäre Haltung ein; Dies kann darin bestehen, sie durch die Überweisung an spezialisierte ADHS-Kliniken zu unterstützen oder sie zu ermutigen, eine geeignete Behandlung, beispielsweise eine Beratung, in Anspruch zu nehmen. Die Partnerschaft sollte auf Augenhöhe sein, ohne dass Sie alle Handlungen im Auge behalten müssen – schließlich handelt es sich um eine Beziehung auf Augenhöhe und Ihre Position ist nicht die eines Überwachungsagenten.

30-Tage -Programm

Tag	Zielsetzung	Aktivitäten
1	**Erste Einschätzung**	- Führen Sie eine Symptom-Selbsteinschätzung durch. - Setzen Sie sich persönliche Ziele für die 30 Tage
2	**Weltraumorganisation**	- Schaffen Sie einen ruhigen und organisierten Arbeitsplatz. - Vermeiden Sie unnötige Ablenkungen
3	**Zeitplanung**	Kalenders oder einer Zeitmanagement-App . - Planen Sie die kommende Woche
4	**Tägliche Routine**	- Richten Sie eine Morgen- und Abendroutine ein. - Erstellen Sie tägliche To-Do-Listen

5	**Entspannungstechnike n**	- Erlernen Sie tiefe Atem- und Meditationstechniken
6	**Ausgewogene Ernährung**	- Überprüfen Sie Ihre Ernährung und planen Sie gesunde Mahlzeiten für die Woche
7	**Physische Aktivität**	- Integrieren Sie 30 Minuten körperliche Bewegung in den Tagesablauf
8	**Schlafmanagement**	Richten Sie eine regelmäßige Schlafenszeit ein . - Schaffen Sie eine schlaffördernde Umgebung
9	**Einsatz von Technologie**	Aufgabenmanagement - Apps . - Richten Sie Erinnerungen und Benachrichtigungen ein
10	**Lehrer- /Elternschulung**	- Teilen Sie ADHS- Bildungsressourcen mit Lehrern oder Familienmitgliedern

11	Verhaltenstherapie	- Erlernen Sie Techniken der kognitiven Verhaltenstherapie (CBT).
12	Entwicklung sozialer Kompetenzen	- Nehmen Sie an sozialen Aktivitäten oder Selbsthilfegruppen teil
13	Techniken zur Stressbewältigung	- Üben Sie Stressbewältigungstechniken wie Yoga oder Meditation
14	Schulinterventionen	- Besprechen Sie pädagogische Anpassungen mit Lehrern (falls zutreffend)
15	Positive Verstärkung	- Richten Sie ein Belohnungssystem ein, um positives Verhalten zu fördern
16	Verwendung visueller Hilfsmittel	- Erstellen Sie visuelle Zeitpläne und Aufgabenlisten
17	Offene Kommunikation	- Üben Sie durchsetzungsfähige

		Kommunikationstechniken
18	**Flexibilität bei der Arbeit**	- Besprechen Sie mögliche Anpassungen mit dem Arbeitgeber
19	**Zeitmanagement-Apps**	- Verwenden Sie mobile Apps, um Aufgaben und Erinnerungen zu organisieren
20	**Budgetierung und Ausgabenverfolgung**	- Verwenden Sie Finanzmanagement-Apps, um Ausgaben zu verfolgen und ein Budget zu erstellen
21	**Physische Aktivität**	- Probieren Sie eine neue Art von körperlicher Betätigung aus, um die Routine zu variieren
22	**Mit Emotionen umgehen**	- Erlernen Sie Techniken zum Umgang mit intensiven Emotionen
23	**Familientherapie**	- Organisieren Sie eine Familientherapiesitzung, um die Kommunikation

		und die Familiendynamik zu verbessern
24	**Achtsamkeitstechniken**	- Üben Sie Achtsamkeit, um die Konzentration zu verbessern und Stress abzubauen
25	**Strategien zur Bewältigung komplexer Aufgaben**	kleinere, besser überschaubare Schritte zu unterteilen
26	**Planung und Organisation**	- Überprüfen und passen Sie den Plan für die Woche basierend auf den erzielten Fortschritten an
27	**Ablenkungsfreie Umgebung**	- Ablenkungen in der täglichen Umgebung erkennen und beseitigen
28	**Fortschritt verfolgen**	- Bewerten Sie die Fortschritte, die in den ersten 28 Tagen erzielt wurden
29	**Strategien anpassen**	- Passen Sie Strategien basierend auf den Bewertungsergebnissen an

30 | **Langzeitplanung** — Erstellen Sie einen langfristigen Managementplan, der auf den Strategien basiert, die sich am effektivsten bewährt haben

QUIZ

Beantworten Sie die folgenden Fragen mit „Ja" oder „Nein", um festzustellen, ob Sie Anzeichen einer Aufmerksamkeitsdefizitstörung haben. Dieses Quiz dient der Information und ersetzt keine professionelle Diagnose.

Unaufmerksamkeit

Fällt es Ihnen häufig schwer, auf Details zu achten, oder machen Sie häufig Flüchtigkeitsfehler bei Ihren Schularbeiten, bei der Arbeit oder bei anderen Aktivitäten?

Fällt es Ihnen oft schwer, Ihre Aufmerksamkeit bei Aufgaben oder Freizeitaktivitäten aufrechtzuerhalten?

Scheinen Sie oft nicht zuzuhören, wenn jemand Sie direkt anspricht?

Befolgen Sie häufig Anweisungen nicht und schaffen Sie es nicht, Schularbeiten, Hausarbeiten oder Arbeitsaufträge zu erledigen?

Fällt es Ihnen oft schwer, Aufgaben und Aktivitäten zu organisieren?

Vermeiden Sie Aufgaben, die eine anhaltende geistige Anstrengung über einen längeren Zeitraum erfordern (z. B.

Schul- oder Hausaufgaben), oder haben Sie eine Abneigung gegen sie oder scheuen Sie sich davor?

Verlieren Sie häufig Gegenstände, die Sie für Aufgaben oder Aktivitäten benötigen (z. B. Dokumente, Schlüssel, Brillen, Mobiltelefone)?

Lassen Sie sich oft leicht durch äußere Reize ablenken?

Vergessen Sie häufig alltägliche Aktivitäten (z. B. Besorgungen erledigen, Anrufe tätigen)?

Hyperaktivität und Impulsivität

Zappeln Sie häufig herum, stampfen Sie mit den Händen oder Füßen oder winden Sie sich auf Ihrem Sitz?

Fällt es Ihnen oft schwer, in Situationen still zu sitzen, in denen Sie es erwarten (z. B. in der Schule, bei der Arbeit)?

Laufen oder klettern Sie oft in Situationen, in denen es unangemessen ist (oder fühlen Sie sich oft unruhig)?

Sind Sie oft nicht in der Lage, ruhig zu spielen oder Freizeitaktivitäten nachzugehen?

Sind Sie oft „an Deck" oder tun Sie oft so, als stünden Sie „auf Federn"?

Reden Sie oft übermäßig?

Verlieren Sie oft die Antwort auf eine Frage, die noch nicht vollständig beantwortet wurde?

Fällt es Ihnen oft schwer, darauf zu warten, dass Sie an die Reihe kommen?

Unterbrechen Sie häufig andere oder mischen sich in Gespräche oder Spiele ein (z. B. indem Sie sich in Gespräche oder Spiele einmischen)?

Ergebnisse

Wenn Sie sechs oder mehr Fragen im Abschnitt „Unaufmerksamkeit" und/oder „Hyperaktivität und Impulsivität" mit „Ja" beantwortet haben, haben Sie möglicherweise Anzeichen von ADHS.

Wenn Sie weniger als sechs Fragen mit „Ja" beantwortet haben, haben Sie möglicherweise einige Merkmale von ADHS, aber das reicht möglicherweise nicht für eine Diagnose aus.

Abschluss

Aufmerksamkeitsstörungen (ADHS) stellen für viele Menschen, ob Kinder, Jugendliche oder Erwachsene, eine tägliche Herausforderung dar. Das Verständnis dieser komplexen Störung ist der erste Schritt zu einer wirksamen Behandlung und einer deutlichen Verbesserung der Lebensqualität der Betroffenen. In diesem Buch haben wir die verschiedenen Facetten von ADHS untersucht: seine Symptome, seine Ursachen, seine Auswirkungen auf das tägliche Leben und die verschiedenen verfügbaren therapeutischen und pädagogischen Strategien.

Es ist wichtig zu erkennen, dass ADHS keine Definition einer Person ist, sondern ein Aspekt ihrer Erfahrung ist. Jeder Mensch mit ADHS verfügt über einzigartige Potenziale und Talente, die sich mit der richtigen Unterstützung und Intervention entfalten können. Die jüngsten wissenschaftlichen und therapeutischen Fortschritte bieten einen Hoffnungsschimmer und zeigen, dass es trotz Herausforderungen möglich ist, ein erfülltes und erfolgreiches Leben zu führen.

Einer der wichtigsten Punkte, die es zu beachten gilt, ist die Bedeutung der Umwelt. Die Schaffung einer unterstützenden Umgebung, ob zu Hause, in der Schule oder am Arbeitsplatz, kann das Leben einer Person mit ADHS verändern. Organisationsstrategien, strukturierte Routinen und emotionale Unterstützung sind allesamt wesentliche Werkzeuge, um diese Reise zu meistern.

Darüber hinaus spielen Sensibilisierung und Aufklärung von Angehörigen, Lehrern und Kollegen eine entscheidende Rolle bei der Verringerung der mit ADHS verbundenen Stigmatisierung. Indem wir einfühlsames Verständnis fördern und einen kollaborativen Ansatz verfolgen, können wir integrative Gemeinschaften schaffen, in denen jeder die Möglichkeit hat, sich zu entfalten.

Zusammenfassend lässt sich sagen, dass der Umgang mit Aufmerksamkeitsstörungen eine Reise ist, die Geduld, Ausdauer und Unterstützung erfordert. Die Herausforderungen sind vielfältig, aber mit ihnen gehen auch viele Chancen für Wachstum und Erfolg einher. Durch einen ganzheitlichen Ansatz und die Nutzung verfügbarer Ressourcen können wir nicht nur das Symptommanagement verbessern, sondern auch das Leben von Menschen mit ADHS und ihren Angehörigen bereichern. Lassen Sie uns gemeinsam weiter voranschreiten, lernen und eine Welt schaffen, in der jeder sein volles Potenzial entfalten kann.

Vielen Dank, dass Sie diese Reise durch die vielfältigen Dimensionen von Aufmerksamkeitsstörungen begleitet haben. Möge diese Lektüre Sie inspirieren und Sie zu konkreten und fürsorglichen Maßnahmen führen.

Was hast du darüber gedacht?

Es hilft uns enorm, Ihre Rezension zum Buch auf Amazon zu hinterlassen, auch wenn sie nur kurz ist.

Auch wenn es also nur ein paar Worte sind, wäre ich äußerst dankbar, wenn Sie mir Ihre Gefühle in einem Kommentar hinterlassen würden.

Scannen Sie dazu den untenstehenden QR-Code oder loggen Sie sich in Ihr Amazon-Konto ein, klicken Sie auf "Bestellungen", suchen Sie nach diesem Buch und klicken Sie schließlich auf die Schaltfläche "Rezension schreiben".

Danke

Ich möchte den Menschen meinen Dank aussprechen, die dieses Buch möglich gemacht haben.

Ich danke auch meinen Freunden, die eine wichtige Inspirationsquelle in Bezug auf die Probleme des Alltags waren. Der Austausch unserer Erfahrungen war aus persönlicher Sicht sehr bereichernd.

Wir danken den Lesern und hoffen, dass dieses Buch Ihnen die Schlüssel zur Bekämpfung von Aufmerksamkeitsstörungen vermitteln kann.

Urheberrechte ©